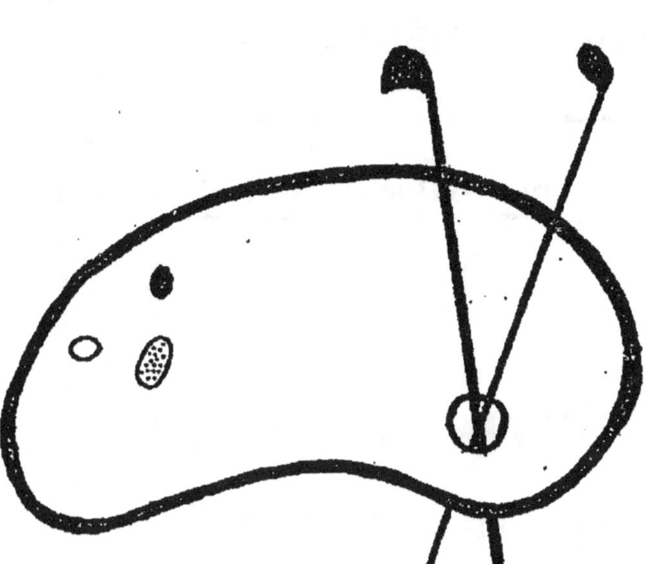

DEBUT D'UNE SERIE DE DOCUMENTS
EN COULEUR

QUESTIONS THÉOLOGIQUES

Mgr Wilhelm SCHNEIDER

Evêque de Paderborn.

Que devient l'Ame après la Mort?

***

Ouvrage adapté de l'Allemand
par l'Abbé G. Gazagnol
du clergé d'Albi

BLOUD & Cie

S. et R. 559

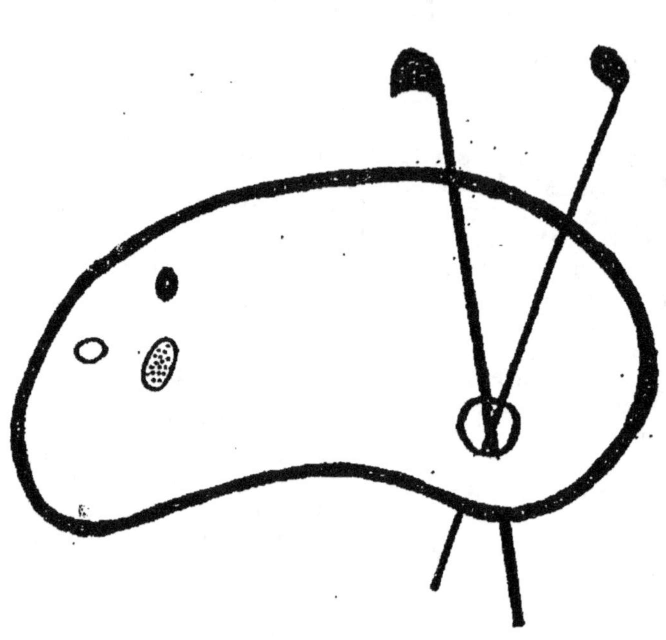

FIN D'UNE SERIE DE DOCUMENTS
EN COULEUR

QUE DEVIENT L'AME APRÈS LA MORT ?

PAR

Mgr Wilhelm SCHNEIDER

ÉVÊQUE DE PADERBORN

Adapté de l'Allemand

PAR

M. l'abbé G. GAZAGNOL

DU CLERGÉ D'ALBI

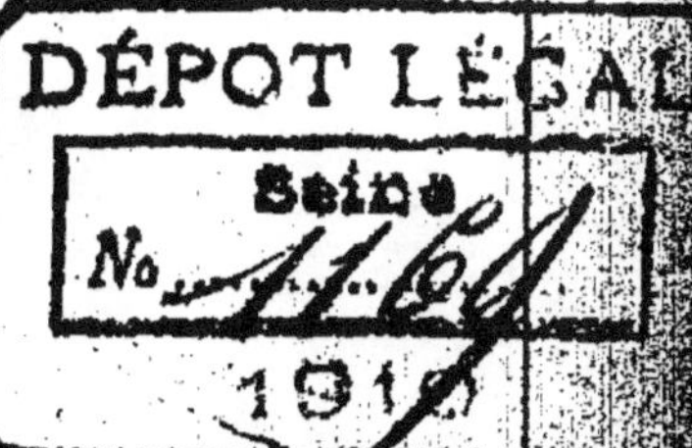

PARIS

LIBRAIRIE BLOUD ET Cie

7, PLACE SAINT-SULPICE, 7

1 ET 3, RUE FÉROU. — 6, RUE DU CANIVET

1910

IMPRIMATUR

Albiæ, die 12 Decembris 1909.

L. BIROT,
Vicarius generalis.

QUE DEVIENT L'AME APRÈS LA MORT?

I

Persistance de la conscience après la mort. — Accroissement de la connaissance. — Un regard de l'au-delà vers cette terre.

> « La mémoire, la volonté et l'intelligence sont sous maints rapports bien plus actives après la mort que pendant la vie. »
> (LE DANTE, *Purgatoire*, XXV, 83.)

    1. *Hypothèse gratuite des matérialistes.* — Les matérialistes ne veulent voir dans toute activité de l'esprit que des vibrations et des transformations du cerveau. Puisque les impressions laissées dans le cerveau par les objets connus sont, d'après eux, d'une nature purement sensible, elles doivent irrévocablement disparaître avec leurs supports et leurs causes sensibles. Une fois le corps disparu, tout ce qui lui était intimement lié disparaît aussitôt, de même que dans un cercle donné, si on supprime la circonférence, on supprime aussi le centre.

    A la mort cesserait donc non seulement le souvenir, mais aussi et surtout la connaissance, car ce que nous appelons âme n'existe plus, puisque « le faisceau lumineux des actions de l'inconscient a disparu (1) ».

(1) ED. V. HARTMANN, t. II, p. 362.

C'est encore là une de ces affirmations gratuites dont fourmille la théorie matérialiste de l'âme. N'est-ce pas, en effet, une absurdité que de vouloir trouver au bout d'un scalpel, de vouloir peser et mesurer ce qui est indivisible et insaisissable ? Si la faculté cognitive de notre esprit et notre essence tout entière étaient exclusivement attachées à notre corps, les matérialistes pourraient avoir raison. Mais ils ne voient de la mort que le côté négatif, à savoir, que le corps est privé de son âme, ils n'en voient pas le côté positif, à savoir, que *l'âme subsiste séparée du corps.*

On ne saurait nier sans doute que pendant la vie corporelle l'âme dépend du corps pour l'exercice de ses facultés intellectuelles. Mais conclure de là que la faculté intellectuelle n'est que le résultat de l'activité des sens, c'est aller beaucoup trop loin, et le grand anatomiste Jos. Hyrtl (1) s'est vivement élevé contre une telle conclusion, dépourvue, selon lui, de fondement sérieux. Dans son discours d'installation comme recteur, il a présenté le cas de l'américaine Laura Bridgman. Ce cas démontre bien que l'intelligence ne dépend pas absolument des facultés purement sensibles. Laura Bridgman avait perdu, à l'âge de dix-huit mois, l'ouïe et la vue ; quatre mois après elle perdit le goût et l'odorat et ne garda plus aucun souvenir des impressions perçues par ces sens. Elle n'avait conservé que le sens du toucher. Un médecin, le Dr Hawc, prit ce « cadavre vivant » et parvint à lui donner une formation intellectuelle

---

(1) Jos. HYRTL, *Die materialistische Weltanschauung unserer Zeit.* Allgem. Buecherei der Leo-Gesellshaft, n° 4.

bien supérieure à celle du commun des hommes.

On a beaucoup parlé aussi dans ces derniers temps d'une autre américaine, Hélène Keller (1). A la suite d'une grave maladie, cette jeune fille avait perdu la vue, l'ouïe et la parole ; malgré cela elle a pu recevoir d'abord l'éducation primaire, suivre plus tard les cours de l'Université de Harvard et subir avec succès l'examen du doctorat.

2. *Dans quelle mesure les activités de l'âme dépendent-elles du corps ?* — Puisque l'âme a été créée pour vivre dans un corps et ne faire plus qu'un avec lui, il est naturel qu'elle ait besoin de son secours pour l'exercice de ses facultés. Si l'enfant ne pense pas encore, c'est que son cerveau n'est pas assez développé ; si le vieillard n'a plus ordinairement des pensées aussi lucides, c'est que son cerveau commence à se ramollir. Les maladies du cerveau, selon qu'elles sont plus ou moins graves, produisent une paralysie durable ou passagère des facultés intellectuelles. Mais notre concept ordinaire des maladies ne peut s'appliquer d'une manière absolue aux troubles de la vie de l'âme, parce qu'il est impossible que l'esprit soit « malade » au sens propre du mot. Un être simple et indivisible ne peut être atteint par rien qui ressemble à une maladie corporelle. Il n'y a qu'une seule maladie de l'âme possible, c'est la maladie morale, le péché, qui affaiblit ou détruit dans l'âme la vie surnaturelle. Seul le corps, formé de différentes parties matérielles réunies ensemble, soumis par conséquent à des changements perpétuels, peut être réellement malade ; de

____

(1) *Helen Keller, Die Geschichte meines Lebens*, Stuttgart, 1905.

fait il l'est toujours plus ou moins. On parle parfois de malades d'*esprit,* de faibles d'*esprit* et de fous, ce sont plutôt des malades du *cerveau.* De même que l'œil le plus vif devient pour ainsi dire aveugle, quand il est privé de lumière, de même que le plus grand virtuose ne produit que de fausses notes avec un instrument désaccordé, de même l'âme servie par un cerveau troublé ne peut produire que des idées fausses et extravagantes. Sans doute le cerveau est une condition nécessaire à l'exercice des facultés intellectuelles, mais il n'en est pas la cause absolue et unique, pas plus que la lumière n'est la cause absolue et unique de la vision, ni l'instrument la cause des accords harmonieux. Par conséquent, de même que l'œil conserve malgré l'obscurité toute sa faculté visuelle, et que l'artiste reste toujours habile, malgré la mauvaise qualité de son instrument, de même l'âme possède toujours ses facultés intellectuelles indépendamment des organes corporels.

3. *Première réfutation des partisans « du sommeil de l'âme »*. — Il en est qui prétendent que la mort plonge l'âme dans un doux sommeil où elle doit rester inactive jusqu'à ce qu'un nouveau corps lui soit donné pour servir d'instrument à son activité. Car de même que l'œil ne peut voir sans lumière et l'artiste ne peut jouer sans instrument, de même l'âme ne peut être active sans les sens. Les Nestoriens parlent souvent dans leurs écrits d'un « *sommeil des âmes* » qui commencera à la mort pour durer jusqu'au jugement dernier. Parmi les quarante propositions de Rosmini, qui furent condamnées en 1887, la vingt-troisième affirme que l'âme

après sa sortie du corps perd absolument conscience d'elle-même et se plonge dans un sommeil perpétuel ou dans un état de ténèbres absolues (1).

Cette affirmation cependant ne s'appuie que sur une pure hypothèse, à savoir que les lois qui régissent l'âme unie au corps valent aussi pour l'âme délivrée du corps. Mais les partisans de cette théorie du sommeil des âmes n'en ont pas encore apporté une seule preuve. Si l'on affirme en effet que l'âme, même délivrée du corps, doit continuer à vivre d'après les lois de son existence terrestre et par conséquent continuer d'exercer une activité végétative et animale, on arrive nécessairement à cette conclusion monstrueuse, qu'il faut admettre aussi l'immortalité de l'énergie vitale des plantes et des animaux. Certainement pendant la vie du corps la lumière de l'esprit est entretenue par la matière cérébrale et ses énergies actives. « De même que la flamme du cierge vit de la cire, et que la flamme de la lampe vit de l'huile, de même la flamme de la conscience vit des forces du cerveau (2). » Si on laisse brûler trop longtemps la lumière de la conscience, sans verser dans le cerveau l'huile d'une nouvelle vie par des pauses successives de sommeil et de repos, si par suite du surmenage le cerveau devient incapable de tout service, la lumière de l'esprit s'éteint aussi. L'âme a besoin d'ailes matérielles pour s'élever dans le monde de l'esprit. On pourrait la comparer à la nymphe Mélusine qui avait la faculté de changer son corps de poisson en celui d'une belle

<hr>

(1) Lépicier. *Un sguardo al di là della Lamba.* Roma, 1895.
(2) Fortlage, *Acht philos. Vortraege,* p. 29.

femme, à la condition qu'à certains moments déterminés elle reprendrait sa première forme et vivrait de nouveau, cachée dans une salle de bains, la vie ordinaire des poissons.

Mais une fois délivrée du corps, l'âme ne peut en dépendre ; elle doit être au contraire plus à même d'exercer, comme pur esprit, les activités qui sont propres à sa nature spirituelle. La vie de l'esprit est de connaître et de vouloir. Si l'âme en se séparant du corps perdait cette double activité, sa survivance nous paraîtrait bien douteuse ; car un être spirituel, qui est privé de ses activités les plus naturelles, n'a plus sa raison d'être et sa survivance est inutile. L'âme des animaux est détruite, précisément parce qu'elle ne possède que des facultés végétatives et animales et qu'elle n'a plus à les exercer après la mort. Il en va tout autrement de l'âme humaine, qui, en dehors des activités sensibles, exerce encore des activités spirituelles. Lorsqu'un tableau est achevé on peut détruire pinceau, palette et couleurs, le tableau reste quand même. Lorsqu'un livre est imprimé, on peut mettre le manuscrit au feu, le livre n'en éprouvera aucun dommage. Lorsque la pensée est achevée, l'âme peut aussi se débarrasser des intermédiaires matériels qui lui ont servi à la former, la pensée reste quand même, parce qu'elle est incorporée au moi comme sa propriété. « Je pense, dit Leibnitz (1), que ce que l'âme a une fois trouvé reste éternellement en elle comme sa propriété, lors même que l'âme n'y repense plus pendant toute la vie. Car quel est celui qui peut se souvenir de toutes choses ? De

______

(1) Leibnitz, *Opp. Ed. Genev.*, T. VI, p. 331, observ. 181.

même que dans la nature rien ne se fait inutilement et rien ne se perd, mais qu'au contraire tout tend à se perfectionner et à grandir, de même cette image, que notre âme reçoit, doit aussi finalement former un tout unique avec les choses à venir, si bien qu'un jour nous verrons tout comme dans un miroir, d'où nous pourrons prendre ce qui nous paraîtra le plus propre à nous satisfaire. »

La vie de l'au-delà n'est pas seulement une nouvelle vie, mais la continuation de celle d'ici-bas, bien que ce ne soit pas une suite « continue et sans transition » de celle-ci, ainsi que l'ont prétendu dans ces derniers temps Fichte, Fechner, H. Ritter et beaucoup d'autres. La mort est l'abîme qui sépare les deux vies. Mais la conscience franchit cet abîme et persiste après la mort. L'athée peut bien demander à échapper à son bourreau, c'est-à-dire à la conscience, par un « saut mortel dans l'inconscient », mais le juste ne désire pas aller boire au fleuve de l'oubli et s'y perdre lui-même avec tous ses souvenirs, il ne convoite point le Léthé, mais bien l'Eunoé, le fleuve du souvenir bienfaisant, qui rappelle tous les dangers heureusement surmontés, toutes les fatigues et les souffrances courageusement supportées.

Quelle valeur en effet peut avoir pour nous la survivance, si nous ne pouvons plus nous reconnaître comme étant le seul et même être qu'autrefois ? Il nous sera bien indifférent dans ce cas d'entrer comme ombre dans le Tout-Esprit ou de descendre comme atome dans le Tout-Un de la matière ; en effet, nous ne serons plus le même être, mais nous serons devenus autre chose. Comment pourrons-nous jouir de la récompense de nos œuvres, si nous ne sommes plus à même de nous en reconnaître l'auteur ? Et comment le ver rongeur du remords pourra-t-il tourmenter le méchant, si celui-ci a cessé de se reconnaître comme responsable et digne de châtiment ? La vie future n'est pas seulement le perfectionnement de celle-ci, mais aussi sa sanction. Le souvenir constamment présent du bien ou du mal accompli procure à l'un une béatitude ineffable et à l'autre une peine torturante. Les impies soupirent et sont remplis de frayeur, parce qu'ils se souviennent de leurs fautes et que leurs mauvaises actions crient vengeance (1). « Souvenez-vous, dit Abraham au mauvais riche, que vous avez reçu vos biens dans cette vie et que Lazare n'y a souffert que des maux (2). »

De même que l'inactivité absolue de l'âme après la mort supposerait son anéantissement total, de même la perte de la conscience entraînerait la disparition de la personnalité et l'abolition de toute sanction. Or si Dieu permettait que le souvenir disparaisse complètement, il se priverait par là d'un moyen naturel et nécessaire pour manifester sa justice impartiale dans la distribution des récompenses et des châtiments.

4. *Accroissement de la vie de l'esprit quand cesse l'action des sens.* — L'au-delà avec ses mystérieuses réalités ne tombe pas sous nos sens ; il ne peut dès lors être l'objet d'une observation et d'une recherche expérimentale. La connaissance que nous en avons est plutôt le produit du raisonnement et de la foi. Nous pou-

(1) *Livre de la Sagesse*, 4, 20.
(2) *Luc*, 16, 25.

vons affirmer cependant que l'opinion, d'après laquelle la mort du corps entraînerait nécessairement la cessation de toute activité intellectuelle et en particulier du souvenir de la vie passée, est en contradiction avec une multitude de faits positifs.

Tout le monde sait par expérience que le moyen le plus facile de pénétrer dans le monde de l'esprit, c'est de faire abstraction un moment de son corps, et de fermer les yeux aux choses extérieures pour les ouvrir uniquement aux choses intérieures. Le moment où l'on exerce avec le plus d'énergie et le plus de fruit sa faculté de penser, c'est précisément lorsqu'on descend dans le plus profond de soi-même et là, loin des troubles des sens, on vit uniquement dans son « moi ». « Si nous voulons connaître quelque chose clairement, fait dire Platon à Socrate dans le *Phédon,* il faut nous séparer de notre corps et considérer avec notre âme les choses immédiatement en elles-mêmes. Et ce ne sera qu'après la mort, semble-t-il, que notre désir de connaître sera satisfait, et que l'objet de notre amour, la vérité et la sagesse parfaite, nous sera donné en partage ; ce ne sera pas en tous cas dans cette vie. » « Je n'ai jamais pu me convaincre, dit Cyrus mourant à ses fils (1), que l'esprit en se séparant du corps inconscient perde lui-même la conscience ; je pense au contraire que c'est alors seulement que, délivré de toute union avec le corps, devenu pur et sans tache, il arrive à la pleine conscience. » Par les rêves extraordinairement riches et variés qu'elle nous fournit, l'imagination pourrait bien nous

(1) Xenoph., *Cyropaed.,* VIII, 7.

donner une idée de la richesse des connaissances de l'âme, délivrée des liens de la chair. Ce serait cependant déprécier la vie de l'âme pendant son union avec le corps, que d'admettre avec Platon et quelques autres philosophes que le moi de l'âme ne s'éveille et ne se développe parfaitement qu'après la mort. Ce qui constitue avant tout le contenu de la connaissance de l'au-delà, c'est la vie terrestre écoulée, avec tous ses événements et ses rapports divers.

5. *Les souvenirs d'enfance subsistent jusque dans un âge très avancé.* — Malgré l'échange continuel de matière auquel est soumis le cerveau, comme tous les autres organes, les impressions qu'il reçoit des sens ne disparaissent pas complètement. On pourrait citer en exemple le souvenir des petits événements de l'enfance et de la jeunesse qui reste généralement très vivant, même dans la vieillesse la plus avancée et d'où naît une source de riches consolations pour les vieux jours. Le vieillard se sent dédommagé des injures de l'âge par cette richesse magnifique de sa vie intérieure et chaque fois qu'il remet pour ainsi dire devant ses yeux les rêves d'or de sa jeunesse, il réveille les vieux souvenirs et les vieilles joies, il conserve à son esprit la fraîcheur et à son cœur la jeunesse.

En général, sans doute, le ramollissement du cerveau survenant avec l'âge amoindrit la force de l'esprit, notamment de la mémoire : Newton et Kant, par exemple, dans leur vieillesse ne comprenaient plus leurs propres ouvrages, des savants avancés en âge hésitent sur les pensées les plus simples, les mots manquent à l'orateur le plus habile. Quelquefois cependant sous les cheveux blancs veille un esprit doué d'une pers-

picacité très vive et d'une mémoire extraordinaire ; parfois aussi l'âme, comme l'avaient déjà
observé et signalé les anciens, tels que Socrate,
Platon, Aristote, Plutarque, Cicéron (1), révèle
une force et une lucidité étonnante dans un
corps décrépit et près de descendre au tombeau.
Peu de temps avant sa mort, Platon écrivit ses
deux plus savants dialogues : *le Timée* et *les
Lois ;* Sophocle, dans un âge avancé, donna au
monde le chef-d'œuvre de son génie : *Œdipe à
Colone ;* Leibnitz put continuer ses travaux
intellectuels jusqu'au soir de sa vie ; Gœthe, à la
fin de ses jours, fournit des preuves de la fécon-
dité persistante de son esprit dans son *Divan
occidental* et dans la seconde partie de *Faust ;*
le prince de Talleyrand, à l'âge de 83 ans, quelques semaines avant sa mort, prononça un de
ses meilleurs discours à l'Académie ; jusqu'à sa
mort, Alexandre von Humboldt vit grandir sa
réputation d'érudit ; Dœllinger conserva jusqu'à
la fin sa lucidité d'esprit et sa ténacité au travail ;
le chancelier autrichien Metternich, les hommes
d'Etat anglais, Palmerston et Derby, les hommes
d'Etat français, Guizot et Thiers, les ministres
russes, Nesselrode et Gortschakow, les ministres prussiens, Von Auerswald, Von Patow et
le comte Schwerin, l'empereur Guillaume Iᵉʳ,
les Papes Pie IX et Léon XIII, sans parler de
beaucoup d'autres qui vivent encore, ont gardé
jusqu'à un âge très avancé l'énergie intellectuelle
de l'âge mûr. Ces exemples remarquables prou-
vent bien que l'esprit ne doit pas nécessairement
vieillir et mourir avec le corps.

6. *Puissance particulière de l'esprit à l'ap-*

(1) Cicéro, *De divin.*, I, 30, 63.

proche de la mort. — « L'histoire du monde, dit Jean Paul, renferme une page particulièrement remarquable et extraordinaire : c'est celle qui retrace les derniers moments des mourants ; mais ici sur la terre nous ne pouvons la lire entièrement. A l'approche de la mort l'âme reçoit avec plus d'abondance l'inspiration divine. » Il n'est pas rare de discerner, « au milieu même des ténèbres de la mort, les effulgurations les plus vives de l'âme, cet être qui vient de Dieu, et tandis que le corps achève de mourir, l'esprit rassemble toutes ses forces pour se défendre contre la puissance de la mort et lui échapper » (1). On connaît les termes dont se servit l'inoubliable Moehler, peu de temps avant sa mort, pour faire part à ses amis d'une vision prodigieuse. Plein de joie et d'étonnement il leva les mains au-dessus de sa tête en s'écriant : « Ah! maintenant je l'ai vu, maintenant je le sais; maintenant je voudrais écrire un livre qui serait vraiment un livre, mais, hélas! c'est trop tard. » Le philosophe Herder à son lit de mort prononça de semblables paroles. Alexandre von Humboldt nous a rapporté la « lucidité d'esprit mystérieuse » du Grand-Duc Charles-Auguste au moment de mourir : « A la fin de la vie, dit Gœthe (2), il vient à l'esprit des pensées jusque-là inimaginables; ce sont comme des démons bienfaisants qui marquent les époques principales du passé et les illuminent de leur éclat. » Mais on a attribué au dernier cri du grand poète : « De la lumière, plus de lumière » une valeur historique qu'il n'a pas; il n'est

(1) Delitzsch, *Biblische Psychologie,* 2ᵉ édit. Leipzig, 1861, p. 403.
(2) Gœthe, *Nachgelassene Werke,* t. IX, p. 87.

pas, en effet, la constatation d'une défaillance intellectuelle, puisque Gœthe ne voulait demander par là que d'ouvrir les fenêtres de son appartement. « J'ai connu des hommes, écrit le médecin français Lauvergne (1), auxquels l'heure de la mort, souvent si pleine de révélations, apportait une lumière divine sur des choses restées jusque-là obscures. Ils avaient, disaient-ils, découvert le problème qu'ils cherchaient en vain depuis trente ans et s'ils revenaient à la santé, ils pourraient en faire l'application. »

Il convient de rapprocher de ces faits surprenants le phénomène non moins étrange, que les fous ont souvent avant la mort une dernière lueur de raison. Des faits curieux de ce genre nous sont rapportés par Schubert, Burbach, Griesinger, Lenbuscher, Mandsley, etc. Cervantès fait revenir don Quichotte à la raison quelques instants avant sa mort, et son entourage voit dans ce changement subit un signe de sa fin prochaine. Fechner (2) explique ces faits de la façon suivante : il y a dans le corps des parties malades qui, par leur connexion avec les parties saines, sont la cause du trouble de l'esprit ; or, la mort qui approche sépare ces parties malades des parties saines ou bien les réduit à l'inaction ; il arrive une chose semblable lorsque d'un attelage on retire un cheval fourbu qui entravait la marche du cheval vigoureux : la voiture va lentement, sans doute, mais elle va encore. Enfin on cite des cas où des gens du peuple et même des enfants, ont eu, à l'approche de la mort, une telle

---

(1) Lauvergne, cité par Daumer, *Das Reich des Wundersamen und Geheimnisvollen,* Ratisbonne, 1872, p. 298.
(2) G. Théod. Fechner, *Elemente der Psychophysik,* nouv. édit., Leipzig, 1889, t. II, p. 535.

lucidité et un jugement si profond, ont parlé avec tant d'abondance et de jugement sur les questions les plus difficiles, qu'ils ont paru être devenus tout d'un coup de savants philosophes et de doctes théologiens. « Il n'y a pas d'apologie du christianisme plus convaincante que l'apologie faite quelquefois par de vrais chrétiens à leur lit de mort (1). »

Ils sont très nombreux les cas de moribonds qui revoient clairement d'un seul regard leur vie tout entière, surtout au point de vue de son mérite ou de son démérite moral et qui se rappellent avec précision des fautes depuis longtemps disparues de leur souvenir.

Ce n'est pas cependant la règle générale que les ombres de la mort soient illuminées soudain par une plus vive lumière. La plupart du temps, au contraire, le dernier moment est, paraît-il, accompagné d'un obscurcissement de la conscience. Mais parfois, au milieu de la défaillance qui précède la mort, l'esprit reprend encore une fois sa première force et, pareil à l'astre du jour enveloppé de nuages, jette un dernier rayon de lumière avant de s'éteindre à nos yeux, afin de nous montrer que s'il semble disparaître de ce monde, c'est pour revivre dans un monde meilleur. Ceux qui nient l'existence de l'âme ont vainement essayé de donner une explication matérielle de tous ces phénomènes, ils se contredisent eux-mêmes et Daumer leur répond (2) : « Quelle aberration de se donner tant de peine pour démentir la mort au moment même où elle nous montre son bon côté. »

(1) DELITZSCH, *System der christl. Apologetik*, Leipzig, 1869, p. 390.
(2) DAUMER, p. 300.

7. *Phénomènes de la vie ordinaire pendant le sommeil ou le rêve.* — Cette activité plus intense de nos facultés intellectuelles à l'heure de la mort a de nombreuses analogies avec les phénomènes ordinaires qui se produisent pendant le sommeil et pendant le rêve, spécialement dans les états de sommeil anormal, et par conséquent avec toutes les manifestations de la vie de l'âme où l'activité du cerveau est presque totalement annihilée ou du moins considérablement affaiblie.

Dans le sommeil, qu'on appelle souvent l'image de la mort, l'activité consciente de l'âme est généralement suspendue, tandis que l'imagination exerce son empire avec une puissance presque illimitée. Elle rassemble toutes les images qui se trouvent dans la mémoire sensible et les associe de façons si diverses et si extravagantes, qu'il en résulte les représentations les plus incohérentes. L'ébranlement des organes internes, les excitations venues du dehors, les plus petits accidents, tout lui fournit matière aux plus grotesques hallucinations. On peut dire en toute vérité que des plus petits insectes elle fait des monstres, et des figures les plus inoffensives des fantômes effrayants, elle en forme des groupes variés à l'infini et réunis de la façon la plus extravagante. De même que l'oiseau a son petit nid et la bête sauvage son repaire, de même l'âme a, pour ainsi dire, un abri où elle se repose de son travail intellectuel. A la pensée rêveuse, qui va par bonds et par saccades, la conscience avant de s'assoupir souhaite une « bonne nuit ». Pleine de confiance, elle abandonne sa « personnalité réfléchie », ainsi que Steffens appelle la conscience personnelle.

Dans le sommeil cependant, l'âme ne repose pas complètement et elle n'est nullement plongée dans l'inaction absolue, bien que le corps ressemble alors à un organisme sans âme, à un instrument que l'artiste a mis de côté, à une bête de somme que son cavalier ne monte plus. Sans bruit, mais avec une activité fébrile, elle travaille au foyer de la vie végétative, dans un atelier caché qu'ignore la conscience. Elle laisse les rouages du corps monter et descendre aux sources de la vie, elle rassemble et ordonne les forces en les réparant. Sa puissance sur le corps se manifeste bien dans ce phénomène, qu'un sommeil tranquille réconforte le malade et contribue puissamment à sa guérison.

Il y a encore une foule d'autres activités qui manifestent que l'âme dans le sommeil possède une vie autonome, domine le corps et peut se tenir en éveil, même quand ce dernier repose profondément. Il arrive que, durant le plus profond sommeil, la configuration des lieux, que nous avons vus à l'état de veille, nous échappe absolument et que, nous éveillant en un lieu étranger, nous nous demandons où nous sommes. Il peut se produire aussi le phénomène que Caldéron et Shakespeare nous ont représenté sur la scène : un homme oublie absolument toutes les conditions dans lesquelles il a vécu jusqu'alors et ne sait plus, en s'éveillant, s'il est « lord ou chaudronnier, prince ou prisonnier » (1). Quelques psychologues donnent, de ces phénomènes, l'explication suivante : de même que la lumière brille et le feu chauffe toujours,

____

(1) ERDMANN, *Das Traeumen.* Conférence au Wissenschaftl. Verein de Berlin, 1861, p. 12 et suiv.

ainsi l'âme pense toujours et par conséquent même dans le plus profond sommeil suit le fil de ses idées ; mais celles-ci se suivent et se pressent avec une telle rapidité, qu'elles ne laissent subsister au réveil aucune impression. En tout cas, l'âme manifeste de multiples façons que, pendant le sommeil, elle ne s'est pas envolée dans le vide. Elle conserve continuellement une tension suffisante pour répondre aux excitations extérieures et les transformer en sensations et en images. Elle reste fidèle à la résolution prise de s'éveiller à une heure déterminée et de reprendre le travail de la veille.

Il y a toujours avantage à suivre la louable habitude de « consulter son chevet », c'est-à-dire de remettre au lendemain l'exécution d'une affaire importante, la nuit porte conseil. Les noctambules ou somnambules résolvent dans le sommeil les problèmes les plus difficiles. Il n'est pas rare que pendant le sommeil le génie veille et sème le germe qui produira bientôt à la lumière du jour les plus riches floraisons. De célèbres génies, tels que Léonard de Vinci, avouent que souvent les idées les plus sublimes leur sont venues en des inspirations nocturnes, et que les plus belles créations de leur génie ont été enfantées dans le sommeil.

Dans le rêve, l'âme joue au gré de ses caprices avec les images et les sensations qu'elle a recueillies à l'état de veille ; elle fait reparaître en les variant et en les changeant comme dans un kaléidoscope les impressions et les événements qui depuis longtemps avaient échappé à l'attention de la conscience, ce qui prouve qu'elle ne les a pas ensevelis dans un oubli absolu, mais qu'elle les a soigneusement conservés dans un repli fermé à la lumière du jour. Souvent même elle ne se contente pas de travailler sur un thème connu, elle produit aussi du nouveau, en ajoutant à ce qui existe déjà et en revêtant d'une forme artistique et originale ce qui était imparfait ou commun. On peut expliquer beaucoup de pressentiments et de prévisions faites en rêve, en établissant une corrélation entre elles et les souvenirs du passé ou les impressions du présent. Sans doute les rêves ne sont que des « mensonges », puisqu'ils ne sont soumis ni à la pensée tranquille ni à la réflexion nette et précise. Cependant la rapidité extraordinaire avec laquelle l'âme parcourt l'espace et le temps, réunit en un seul tableau d'ensemble et contemple d'un seul coup des images qui sont très éloignées et par le temps et par les lieux, démontre incontestablement l'existence de certaines forces, dont l'esprit ne dispose que dans une mesure très limitée à l'état de veille (1).

Cicéron et Valère Maxime connaissaient déjà les rêves prophétiques et ils nous en racontent quelques-uns. Beaucoup de ces rêves peuvent être considérés comme des formes et des représentations symboliques de sensations ou d'images confuses de l'âme, mais il serait difficile de les expliquer tous de cette façon. Et vouloir expliquer par le « hasard » tous les cas où les prévisions faites en rêves concordent avec la réalité, serait une explication bien insuffisante. Le fameux conteur que la jeunesse aime toujours à relire, Christophe von Schmid (2), raconte qu'en 1784,

(1) Cf. SCHERMER, *Entdeckungen auf dem Gebiete der Seele*, p. I, Berlin, 1861 ; STRUMPEL, *Die Natur der Traeume*.
(2) CHRISTOPHE VON SCHMID, *Erinnerungen aus meinem Leben*, Augsburg, 1853-57, p. I, p. 129.

lorsqu'il étudiait à Dillingen, il rêva qu'il avait rencontré dans l'une des plus sombres rues de Dinkesbuhl, sa ville natale, un ami d'enfance qui lui annonça cette triste nouvelle : « Ton père est malade. » Il s'éveilla et après s'être rendormi, il vit en rêve deux ecclésiastiques, amis de la famille, entrer dans la maison de son père. Encore une fois il s'éveilla et s'assoupit de nouveau ; il vit alors un cercueil sortir de la maison et il entendit des chants funèbres. Quelques jours après, son professeur venant lui annoncer la mort subite de son père, fut fort étonné d'apprendre que ce triste événement venait d'être prévu en rêve.

8. *Extraordinaires états de sommeil.* — Une élévation partielle de la vie de l'esprit a lieu spécialement dans ces états extraordinaires de sommeil accompagnés de claire vue et de vue à distance ; cependant ces phénomènes se produisent aussi parfois dans l'état de veille. Le somnambulisme commence par un profond sommeil ou hypnose, s'élève ensuite jusqu'au sommeil en état de veille ou jusqu'à la veille en état de sommeil et atteint son plus haut degré dans le sommeil par excellence, le sommeil délicieux ou l'extase. Les visions surprenantes, soit de l'avenir, soit du passé, qui sont assez rares dans l'état normal de rêve et de veille, deviennent ici pour ainsi dire la règle générale. L'abondance des preuves que nous ont laissées tous les siècles est si grande, le nombre des témoins, aussi distingués par leur savoir que par leur moralité, est si imposant, qu'on s'est décidé dans ces derniers temps à ne plus répondre à ces phénomènes par la négation et par le doute, mais à les observer, à les traiter avec

plus d'indépendance d'esprit et moins de parti pris. Cependant pour si riche et si bienfaisante que soit la lumière que la psychologie a tirée des progrès de la physiologie unie à la psychophysique, la plupart de ces phénomènes extraordinaires n'en restent pas moins jusqu'à présent dépourvus d'une explication suffisante.

Mais leur existence qui est certaine permet cependant d'affirmer qu'un développement de la vie de l'esprit peut marcher parallèlement avec une diminution de l'activité du cerveau, et nous avons là une raison de plus de croire que l'âme après la mort peut être active sans le cerveau ; cette nouvelle raison paraît même concluante, parce qu'elle est tirée de l'expérience. Si l'âme possède déjà, pendant qu'elle est unie le plus intimement avec le corps, la puissance d'exercer ses plus hautes activités, indépendamment de ses organes les plus naturels et les plus nécessaires, elle pourra à plus forte raison, quand elle sera séparée du corps, se passer du concours de ses aides grossiers et charnels et devenir plus parfaite. Quelles raisons peuvent donc avoir Spinoza, Hégel, Schopenhauer et d'autres pour vouloir faire disparaître à la mort le souvenir de la vie passée sur la terre ? Kant est d'avis que, si l'on pouvait tout d'un coup rappeler à la claire vue de la conscience tout ce que l'on a déposé et conservé dans le sombre tréfonds de la vie consciente de l'âme, on pourrait se croire une sorte de divinité. En tout cas on pourrait autant s'étonner que se réjouir à la vue de cette richesse de son intérieur, jusque-là insoupçonnée et subitement découverte. En effet, nous ne sommes jamais en état de nous rendre un compte exact de nos ressources intellectuelles et d'en établir un bilan précis. Bien des fois nous avons la conviction de savoir une chose qui cependant ne revient pas à notre esprit ; il nous faut attendre que notre conscience soit amenée par une excitation convenable à nous livrer cette parcelle du trésor enfoui avec soin dans un repli caché de l'âme.

Loin de nous cependant la pensée de placer avec certains philosophes le centre de la vie de l'âme dans son état nocturne et surtout son plus haut degré d'énergie dans les phénomènes extraordinaires du sommeil et du rêve. Nous considérons plutôt ces phénomènes étranges comme des états maladifs, ce qu'ils sont en effet, parce qu'ils troublent l'harmonie de l'âme et ne développent une partie de l'homme qu'aux dépens de l'autre ; parce que l'âme dans ces élévations partielles n'arrive pas toujours à une illumination bienheureuse, mais souvent au milieu de ces contemplations les plus lucides s'égare soudain et produit les erreurs les plus extravagantes.

Si donc l'on veut considérer ces éclairs de lumière, qui se produisent dans le sommeil, comme les figures et les premiers degrés de l'état à venir, comme des préliminaires et des préparations du sommeil futur, on ne doit le faire qu'avec réserve et circonspection. La règle immuable de ces sphères de lumière où monte l'esprit après la mort, c'est la conscience diurne ou claire aussi bien que la vision immédiate ; celle-ci ne saurait empêcher celle-là, pas plus qu'elle ne saurait être troublée elle-même par quoi que ce soit.

Néanmoins ces phénomènes extraordinaires, bien qu'ils appartiennent encore aux « côtés obscurs de la science », ont une grande importance et méritent toute notre attention, puisqu'ils ouvrent à nos recherches un nouveau domaine, d'où nous pouvons tirer des analogies certaines et réelles, qui jettent une lumière nouvelle quoique « magique » sur l'état de notre âme dans l'au-delà. « Qui pourrait méconnaître, écrit Fichte (1), que ce sont précisément ces parties prétendues obscures de la vie de l'esprit qu'il faut étudier pour mettre au jour un monde intellectuel tout nouveau ? » Nous n'avons nullement affirmé que ces états de l'âme soient en eux-mêmes plus élevés, plus riches en valeur morale ou revêtus d'un nimbe particulier de sainteté ou d'infaillibilité : exagération qu'on n'a pas toujours su éviter. Nous les avons à dessein appelés *maladifs* et ils ne peuvent être appelés autrement, vu l'ordre établi, auquel nous sommes soumis par notre vie des sens. Cependant il est également évident que le *maladif* qui dépasse la limite de l'existence ordinaire n'est pas quelque chose d'accidentel, mais doit être l'expression de quelque chose d'essentiel... et voilà pourquoi l'on doit rechercher avec d'autant plus de zèle « cet *essentiel* caché sous de tels phénomènes maladifs ».

Il est hors de doute que toutes les activités, qui s'exercent par des organes corporels, par conséquent par les sens externes et internes et qui se limitent exclusivement aux perceptions des choses corporelles, sont interrompues par la mort. Mais la faculté que possède l'âme d'exercer de nouveau ces activités, dès qu'elle aura à sa disposition les instruments des sens

(1) J. H. FICHTE, *Zur Seelenfrage*. Leipzig, 1859, p. 128.

correspondants, ne cesse pas d'exister, pas plus
que les activités qui sont d'une nature intellectuelle et qui sont exercées par l'âme et dans
l'âme. Telles sont la connaissance intellectuelle
et les aspirations vers le sublime. Nous allons
parler d'abord de la première.

Entre la connaissance terrestre et la connaissance supra-terrestre il doit y avoir une double
distinction : la première par rapport au mode,
et la seconde par rapport à l'étendue de la
connaissance.

9. *Différence de mode entre la connaissance
terrestre et la connaissance supra-terrestre.*
— Bien que la faculté de la connaissance supérieure ou la raison ne soit nullement mise
en branle par un organe corporel, elle dépend
cependant du corps et des sens. Comme elle ne
peut pas s'unir immédiatement avec l'essence
des objets de sa connaissance, elle a besoin
pour s'exercer d'une image des sens corres-
pondante. L'objet que nous voyons avec l'œil et
que nous saisissons avec l'esprit ne s'unit nullement avec l'esprit, pas même avec l'œil. Celui-
ci ne reçoit que les vibrations de lumière qui
s'échappent de l'objet ; il ne voit donc l'objet que
par une image qu'il reçoit de lui. L'impression
que cette image produit dans le cerveau, l'âme
la travaille pour en former une représentation
et finalement une image intellectuelle, et dans
cette image elle connaît l'objet perçu par les
sens. Or dès qu'elle entre dans le monde des
purs esprits, elle ne reçoit plus d'images sensibles ou fantômes, et elle n'en a plus besoin.
Elle exerce sa faculté cognitive à la manière des
purs esprits, car la manière de connaître suit la
manière d'être. S'il est naturel que l'âme unie

au corps ait besoin de la coopération des sens externes et internes, il est naturel aussi que l'âme séparée du corps soit capable d'une espéce de connaissance intellectuelle immédiate. La connaissance supra-terrestre n'est pas réduite à la perception sensible ou conditionnée par une réflexion et une recherche assujétissante ; mais c'est une connaissance supra-sensible, sans intermédiaire, contemplative.

L'esprit n'a plus besoin de se fatiguer à chercher et à rassembler ce qu'il veut unir pour former une pensée ou un jugement, ni à résoudre en ses parties ou en ses attributs ce qu'il veut distinguer, mais il voit d'un seul coup d'œil chaque objet de la connaissance sous tous ses aspects, selon les rapports d'affirmation et de négation, d'association ou de distinction, d'unité ou de séparation. La connaissance de l'au-delà dépasse celle d'ici-bas bien plus que l'aigle planant dans les airs ne dépasse le pauvre ver de terre rampant humblement sur le sol.

Il est évident que cette nouvelle espèce de connaissance s'exerce sur un plus vaste champ et avec plus de clarté. L'âme possède déjà, nous en sommes témoins, dans sa vie avec le corps la faculté d'une illumination supérieure ; mais cette faculté est retenue ordinairement par les liens de la nature sensible et ne peut arriver à se manifester que rarement et par exception, chaque fois peu de temps et aux dépens des autres facultés. De quelle profondeur pénétrante et de quelle étendue de champ visuel sera donc la claire vue de l'âme, dès qu'elle sera placée dans les hauteurs lumineuses de l'au-delà? Il semble que l'éloignement de l'espace aura cessé d'être un obstacle à la connaissance.

10. *Différence de clarté et d'étendue entre la connaissance terrestre et la connaissance supra-terrestre.* — Avant même que les yeux du corps aient été fermés par une main amie, les yeux de l'esprit se sont ouverts à l'au-delà. L'esprit totalement séparé et indépendant du corps voit beaucoup plus librement et plus clairement que l'âme, lorsque dans le sommeil hypnotique elle étend pour ainsi dire ses nerfs sensibles à travers l'enveloppe du corps et semble percevoir sans les sens, ou bien comme dit Wallace, le fameux darwiniste, avec un « sixième sens », les choses et les personnes de son entourage et même les objets situés à de grandes distances.

Dans une contemplation immédiate l'esprit se connaît d'abord lui-même, il connaît son être, ses facultés, son essence spirituelle et sa constitution morale, ses rapports avec Dieu et toutes les créatures, il connaît aussi les esprits purs par nature et mieux encore les âmes des défunts (1). Quant aux choses corporelles, il les saisit par des images cognitives intellectuelles qu'il n'a plus à démêler des impressions des sens, mais qu'il reçoit par l'action d'une lumière nouvelle. Cette lumière, qu'il ne faut pas confondre avec la lumière béatifique, correspond à un besoin et à un droit naturel de l'âme qui veut exercer, même privée de son corps, sa faculté de connaître d'une manière conforme à sa nature. Sans ces images intellectuelles la connaissance des choses et des faits sensibles dans l'au-delà serait simplement bornée au souvenir de ce qui a été déjà connu, et elle serait

____

(1) S. Th. Aq., *S. Theol.*, p. I, q. 89, a. 2.

absolument impossible pour les âmes des enfants morts avant l'usage de la raison. Par conséquent cette lumière, qui est indispensable à l'exercice naturel de notre faculté innée de connaître et qui est indépendante de la récompense ou du châtiment dans l'au-delà, Dieu l'accorde même aux âmes des réprouvés. C'est donc une erreur d'affirmer avec Delff (1), que seul le chrétien pieux conserverait sa personnalité et que les autres au contraire tomberaient après la mort dans un sommeil dont les rêves serviraient de sanction : les rêves du méchant seraient agités, ceux du juste seraient « clairs et légers, le juste s'y complairait comme le cygne sur les flots bleus ». Mais le rêve n'est pas la pleine vie. Beaucoup de philosophes d'ailleurs dans ces derniers temps ont enseigné l'anéantissement total des pécheurs (2).

Saint Thomas s'applique à établir cette thèse, que la vie du corps doit par la force même des choses être un bien pour l'âme. Il affirme en conséquence que dans l'état de séparation l'âme ne puise dans les images cognitives qui lui viennent qu'une science générale et confuse. D'après cela elle ne connaît les choses particulières et les événements de la nature, ainsi que les individus et les actions des individus que d'une connaissance imparfaite. Mais elle voit mieux les choses particulières avec lesquelles elle a une relation intime, soit par une connaissance précédente ou par quelque affection, soit par une habitude naturelle ou par une ordina-

---

(1) DELFF, *Cultur und Religion*, Gotha, 1873, p. 575.
(2) EDV. WHITE, *Life in Christ*, 1880. P. CARKE, *Eternal Punishment and infinite Love*, in *the Month*, 1882.

tion divine (1). Les lieux qu'elle a habités pendant la vie, les personnes avec qui elle a vécu, les choses dont elle s'est occupée, les affaires auxquelles elle a porté un vif intérêt, bref tout ce dont elle a fait avec prédilection l'objet de ses pensées et de ses aspirations, sera toujours pour elle plus facilement reconnaissable et plus présent que les autres choses qui l'ont touchée de moins près.

L'union de l'âme avec le corps est sans doute une propriété nécessaire et un privilège essentiel de la nature humaine, qui, comme telle, est détruite dès que la séparation se produit. Cependant cette union n'est pas pour l'âme un bien *simpliciter* et sans condition, elle n'est un bien que parce que l'âme a été créée et destinée à vivre dans et avec un corps. Le pur esprit, quoique incorporel, est plus élevé que l'esprit uni à un corps, puisqu'il forme en lui-même une nature complète et que par conséquent dans sa connaissance et sa volonté il n'est pas soumis à la coopération des forces et des instruments sensibles, mais exerce les mêmes activités par des moyens plus simples. « Le corps soumis à la corruption alourdit l'âme, et cette demeure de chair incline vers la terre l'esprit que ses aspirations portent vers les hauteurs (2). » C'est pourquoi Suarez et beaucoup d'autres théologiens enseignent que l'âme humaine débarrassée du corps terrestre et de la vie des sens se trouve dans un état plus parfait et possède une science plus grande. Cependant le corps n'entrave l'âme dans ses activités supérieures

____

(1) Th. Aq., *S. th.* P. 1. Q. 89, a. 3 et 4.
(2) Sag., 9, 15,

que dans l'état actuel des choses; après sa glorification au contraire l'âme ne trouvera plus en lui une entrave, mais un secours efficace.

Nul ne pourrait dire avec certitude jusqu'où s'étend par rapport aux personnes, aux choses, et aux événements de la terre, la limite de cette connaissance qui est, ainsi que nous venons de le faire observer, une propriété naturelle du nouvel état de vie. Nous ne savons guère quelle est la marche et l'étendue de notre connaissance terrestre ; il nous manque donc un terme de comparaison nécessaire pour déterminer avec précision la limite de la connaissance supraterrestre, sans parler encore bien entendu de son élévation surnaturelle. Puisque nous ne connaissons pas suffisamment les lois de la vie de l'esprit humain dégagé du corps, il faut nous contenter de tirer quelques conclusions conformes aux principes que nous fournissent sa nature, ses facultés naturelles, ses besoins et ses aspirations.

11. *Les défunts connaissent-ils d'une connaissance naturelle ce qui concerne les survivants ?* — Mu par une curiosité légitime, le lecteur se posera ici une question : les âmes des défunts continuent-elles à savoir ce qui se passe chez les vivants? Savent-elles par une connaissance propre et naturelle ce qui advient aux leurs sur la terre?

Il n'est pas douteux que toute âme, ayant le souvenir fidèle de sa vie passée et de toutes ses relations, pense encore à ceux qui sont sur la terre. Et d'après les paroles du mauvais riche on pourrait même conclure que l'âme sait par une vision personnelle ce que deviennent les survivants et ce qui leur arrive. Le malheureux riche était en sollicitude au sujet de ses frères restés sur la terre. Cette inquiétude peut s'expliquer par la certitude des difficultés dans lesquelles il les avait laissés à sa mort. De même que, tout en ignorant le sort des nôtres dans l'au-delà, nous prions cependant pour eux, de même les défunts, sans être instruits d'une manière très précise sur la situation des vivants, peuvent toujours s'intéresser à leur sort.

Saint Augustin (1) refuse à tous les défunts sans distinction une science naturelle des événements de cette terre; il ajoute cependant que ce n'est là qu'une opinion purement personnelle et qu'il n'entend nullement porter un jugement définitif. Le motif principal de son opinion, c'était que sa chère mère Monique, qui ne l'avait jamais abandonné pendant sa vie, ne lui était jamais apparue après sa mort pour le consoler. Il est cependant bien éloigné de nier d'une manière générale les apparitions des esprits. Il rapporte même certains cas qu'il avoue humblement ne pas pouvoir expliquer; il estime que ces apparitions dépendent uniquement de la volonté de Dieu, des dispositions de sa miséricorde et de sa justice, sans que les esprits qui apparaissent en aient conscience, tout comme nous apparaissons quelquefois nous-mêmes en rêve à nos amis sans nous en douter. Bien que les habitants de l'au-delà ignorent ce qui se passe sur la terre au moment même où cela se passe, ils peuvent cependant, estime le saint docteur, apprendre ce qui les intéresse soit par les nou-

______

(1) S. Aug., *De cura gerenda pro mortuis*, c. 16, nor. 16. seq Ed. Maur, t. VI, col. 383, sq. Cf. *De spiritu et anima*, loc. it ,... t. IV, col. 526.

veaux venus, soit par les saints anges gardiens, soit par Dieu lui-même.

Saint Thomas d'Aquin (1) est d'accord avec le grand docteur de l'Eglise, quand il affirme lui aussi que les défunts ne peuvent pas savoir au moyen de leur connaissance naturelle les événements de ce monde et sont réduits par conséquents aux révélations de Dieu et aux communications soit des anges, soit des nouveaux venus. Il se réfère au passage du livre de Job (2) : « Il ne saura pas (après sa mort) si ses enfants sont dans la gloire ou dans l'ignominie », c'est-à-dire il ne le saura pas sans une communication venue de l'extérieur. Cependant, d'après le contexte, ce passage peut s'entendre en ce sens, que les défunts sont indifférents aux choses de la terre en elles-mêmes et n'y attachent d'importance que dans leurs rapports avec le salut éternel, et que la science de ces choses ne leur cause, du moins aux bienheureux, aucune douleur.

Nous n'hésitons nullement à embrasser une opinion contraire et à dire que l'âme, même dans l'état de séparation, peut acquérir une science des événements de la terre par sa faculté naturelle de connaître et par une perception propre et personnelle. Dans ces derniers temps Fr. Schmid a cherché à démontrer, que l'âme ne peut développer sa science sans se servir de l'expérience (3). Mais si, comme le démontre saint Thomas, l'âme possède la faculté de connaître, par des images cognitives précé-

---

(1) Th. Aq., *loc. cit.*, art. 8.
(2) Job, 14, 21.
(3) *Zeitschrift fur kathol. Theologie.* Innsbruck, 1898. Heft, I, p. 59 et s.

demment acquises et par d'autres nouvellement obtenues, non seulement le monde des corps en général mais encore les choses particulières, nous ne voyons pas pourquoi le domaine si intéressant des manifestations perceptibles des sens, aussi bien que les actions et les efforts, les luttes et les souffrances, les victoires et les défaites des hommes seraient inaccessibles à son regard. Suivre des yeux la marche de l'histoire et le cours de la vie de leurs proches ne peut que satisfaire les désirs naturels des habitants de l'au-delà, car sans nul doute ils s'intéressent encore à la terre et à ce qui s'y passe. D'ailleurs n'est-ce pas une joie bien méritée par les justes de voir croître et mûrir la moisson dont ils ont jeté la semence? Quant à l'insuccès de leurs propres travaux ou aux malheurs de leurs proches, ils ne peuvent plus en éprouver aucune douleur. Et pour le scélérat, n'est-ce pas également un châtiment bien mérité que l'obligation de voir le mal commencé ici-bas continuer à produire le mal, augmenter ainsi sa peine et contribuer encore malgré lui au progrès et à la victoire définitive du bien?

Si donc les défunts ne pouvaient voir ce que deviennent les survivants, la raison de leur ignorance ne serait pas nécessairement dans le changement de leur manière d'être et de vivre, mais uniquement dans la volonté de Dieu. Mais pourquoi Dieu ne leur permettrait-il pas de nous voir, nous et ce que nous faisons, puisque nos noms sont imprimés en caractères vivants et ineffaçables dans leur souvenir ? Le ministre d'Etat, le baron von Stein (1) adressait

____

(1) Franz WIESMANN, *Lebensumriss des Ministers Freiherrn von Stein.* Munster, 1857. p. 41.

à son trésorier Poock dans son dernier adieu ces paroles à la fois profondes et encourageantes : « Je dois vous dire encore, que je crois fermement qu'entre les morts et les vivants il y a une communion éternelle ; ce sera donc un plaisir pour moi, si de là-haut je vois que vous consacrez vos services à mes enfants avec la même fidélité et le même attachement que vous avez eus pour moi. »

12. *Les défunts se souviennent fidèlement de leur vie passée.* — Comment donc peut se former le souvenir, quand l'âme est séparée du corps ?

Souvent ici-bas l'âme ne se souvient pas du tout de ce qu'elle a vécu ; souvent son souvenir est lent, pénible et défectueux. Toutes ces imperfections viennent de ce que la reconnaissance, comme la connaissance en général, s'obtient par le moyen des impressions des sens. Celles-ci étant logées dans le cerveau s'évanouissent en même temps que lui, mais non les images cognitives intellectuelles, les pensées. L'âme elle-même ne peut oublier et désapprendre que tant qu'elle a besoin des images sensibles ; et cela n'est même pas, à proprement parler, un oubli, mais seulement un « recul du savoir », puisque c'est le sens interne ou l'excitation extérieure qui sont trop faibles pour renouveler et vivifier les impressions premières.

N'a-t-on pas vu des moribonds dont l'horizon intellectuel s'étendait dans la mesure où ils approchaient de l'au-delà ; leur œil prophétique et plein de pressentiments pouvait lire dans l'avenir, remonter en un instant tout le fleuve de leur vie et y retrouver tout ce qui paraissait à jamais enseveli dans ses ondes.

Dès que l'âme quitte sa nacelle chancelante

pour aborder sur la terre ferme de l'au-delà, sa conscience se transforme soudain et se réveille en pleine lumière, si bien que l'âme commence alors à vivre et à se complaire dans la richesse de son extérieur, jusque-là inconnue, insoupçonnée même. Elle comprend alors tout d'un coup et clairement ce qui jusque-là n'était arrivé à sa conscience que par une succession progressive et avec des contours imprécis, ce que le travail pénible de l'esprit avait pu lui faire connaître et qui d'ailleurs avait déjà disparu en grande partie ; d'un seul regard et sans fatigue, elle embrasse le présent et le passé. La séparation entre l'esprit et le corps a pour effet non de distraire l'esprit mais de le recueillir, non de l'obscurcir mais de l'illuminer, non de le faire mourir mais de le vivifier ; l'esprit possède alors la conscience la plus nette et la plus intime de lui-même, de la richesse de son être et de son savoir ; et cette conscience, comparée à celle du présent, est comme la lumière du plein midi comparée au sombre crépuscule.

On a bien raison d'appeler la mort un sommeil car l'état qui la suit est un véritable réveil. Plus le sommeil est profond, plus vif et plus alerte est le réveil. Par conséquent le sommeil de la mort, qui est bien le plus profond de tous, sera suivi d'un réveil d'une clarté surprenante, d'un état de veille dans lequel l'âme verra apparaître d'un seul coup devant elle dans une vision sereine et immédiate tout ce qu'elle a appris et vécu dans son étape terrestre. Elle n'aura besoin pour cela ni d'un effort intérieur ni d'une excitation venue du dehors. Pendant la vie du corps l'esprit est comme un étranger dans sa propre maison ; lentement et avec peine il cherche sa voie au fil de ses pensées : souvent il oublie les meilleurs trésors qui restent cachés dans l'obscurité, inaccessibles pour le moment aux rayons lumineux de son intelligence. Mais à la lueur vacillante du flambeau de la mort le jour commence à poindre et à révéler des profondeurs, plus vastes et plus riches qu'on n'avait osé le soupçonner. « Alors, comme le dit Fechner (1), le centre de l'homme intérieur s'embrasera pour devenir un soleil qui illuminera en lui tout ce qui est intellectuel et le lui fera contempler dans une clarté supra-terrestre. Tout ce qu'il a oublié ici-bas, il le retrouvera là-haut, rassemblé, mis en ordre et embelli. »

Pour l'esprit séparé du corps le souvenir de la vie passée, avec son cours si varié, avec tous ses événements grands ou petits, n'est donc pas perdu. Rattaché à la faculté supérieure de la connaissance, ce souvenir peut se renouveler à tout moment et d'une manière incomparablement plus parfaite que dans l'état actuel. Mais comme l'acte de connaissance, l'acte de souvenir devient indépendant des sens et purement spirituel. Le mot « souvenir » traduit à peine l'intimité avec laquelle tout ce qui a été une fois vécu revit de nouveau : là-haut tout est également et spontanément intérieur, tandis qu'ici-bas nous devons prendre de la peine pour faire passer au dedans les impressions du dehors ; là-haut l'âme n'a plus besoin que de regarder en elle-même pour prendre d'un seul coup conscience de toutes ses connaissances.

______

(1) Gust.-Theod. FECHNER, *Das Buechlein vom Leben nach dem Tode.* 3ᵉ édit. Hambourg et Leipzig, 1885, p. 42 et s.

II

Quelques opinions erronées sur l'état de l'âme après la mort. — Le sommeil des âmes. — Migration des âmes. — Rêveries chiliastiques ou millénaires.

> « Bientôt passera
> Cette vie périssable ;
> Là-haut, là-haut
> Mon âme s'envolera. »
> Louise HENSEL.

1. *Les âmes des justes rentrent aussitôt après la mort dans le royaume des cieux. — Enseignements de la Sainte Ecriture.* — Qui peut prétendre que le temps qui nous sépare du jugement dernier sera encore bien long ? Dieu seul le sait ; en tout cas, si on le compare à l'éternité, ce temps, pour long qu'il paraisse, sera toujours très court : « les années de la vie d'un homme, comparées à l'éternité, sont comme une goutte d'eau comparée à l'Océan, ou comme un grain de sable comparé à tout le sable du rivage (1). »

Le revoir des nôtres ne sera d'ailleurs pas différé jusqu'au dernier jugement. La mort, qui a brisé des liens bien solides a hâte de les renouer, et chaque pas qui nous rapproche du tombeau nous rapproche aussi du moment joyeux où nous reverrons tous ceux qui, mar-

____
(1) *Eccli.*, 18, 8.

qués du signe de la même foi, nous ont précédés dans l'au-delà.

Ce doit être pour nous une consolation et un encouragement de penser que nos défunts aimés jouissent déjà du bonheur des élus et qu'ils nous attendent dans la félicité.

Il est bien écrit en effet que le pauvre Lazare fut transporté après sa mort dans le sein d'Abraham (1) ; Notre-Seigneur en pardonnant au bon larron lui promit de le prendre le jour même avec lui dans le Paradis (2). L'Apôtre enseigne que l'âme, dès qu'elle est sortie du corps, entre dans la demeure du Seigneur. « Nous savons, dit-il, que nous sommes des pèlerins éloignés du Seigneur, tant que nous sommes dans le corps ; car nous marchons par la foi et non par la claire vue. Cependant nous sommes remplis d'une ferme confiance et nous préférons sortir de ce corps pour aller habiter avec le Seigneur (3). » Il espère que sa mort l'unira au Christ : « Je désire d'être dégagé des liens du corps et d'être avec Jésus-Christ (4). »

2. *Opinion des Saints Pères.* — Néanmoins certains Docteurs, et non des moindres, se référant à des passages mal compris de la Sainte Ecriture, ont retardé jusqu'au jugement dernier l'entrée des justes dans le royaume du ciel : tels sont Tertullien, Irénée, Justin, Origène, Théodoret, Œcumène, Théophylacte, Lactance, Victorin et les partisans des erreurs chiliastiques. Le disciple n'est pas au-dessus du maître, disent-ils ; voilà pourquoi les justes doivent attendre

(1) *Luc,* 16, 22.
(2) *Luc,* 23, 43.
(3) II *Cor.,* 5, 6 et ss. Cf. Mgr SIMAR, *Die Theologie des hl. Paulus,* 2· édit., p. 252 et ss.
(4) *Philipp.,* 1, 23.

la résurrection dans l'« hôtellerie des âmes » (1), avant de pouvoir aller dans le ciel. Ce n'est qu'à la fin du monde, lorsque le nombre des frères sera complet, que le Christ les admettra dans son royaume. Le froment et l'ivraie doivent croître ensemble jusqu'au temps de la moisson, c'est-à-dire jusqu'au jugement dernier ; c'est alors que les célestes moissonneurs, les anges, feront la séparation définitive, ce n'est qu'en ce « jour » que l'Apôtre attend la couronne qui lui est réservée. Quelques-uns de ces anciens Pères font une exception à cette règle au moins pour les martyrs. Ils sont d'ailleurs tous d'accord sur un point : dans ce séjour d'attente, qu'ils appellent aussi paradis, les âmes des justes soupirent, il est vrai, avec ardeur, après l'avènement du Seigneur, mais en dehors de là elles n'éprouvent aucune souffrance et n'ont aucune inquiétude, si ce n'est peut-être de nous voir nous égarer ; bien mieux elles jouissent déjà d'un avant-goût du ciel (2).

Ces docteurs étaient d'ailleurs très éloignés de rejeter absolument et de condamner l'opinion contraire, qui est la vraie. Plusieurs d'entre eux restent plutôt dans le doute et ne veulent pas trancher la question. On ne peut nier que l'opinion qui retarde jusqu'au jugement dernier la distribution de la récompense pleine et entière ne soit juste en un sens : pour jouir pleinement du bonheur, en effet, l'homme doit être complet, c'est-à-dire avoir son âme unie à son corps.

La plupart des anciens Pères de l'Eglise ont ainsi pensé : tels saint Grégoire de Nysse, saint

---

(1) Psycodocheum, diversorium, receptaculum.
(2) Mgr SIMAR, *Lehrbruch der Dogmatik*, 3ᵉ édit., Fribourg, 1893, p. 855 et ss.

Grégoire de Nazianze, saint Basile, saint Ambroise, saint Augustin, saint Jérôme.

3. *Discours consolant de saint Cyprien.* — Avant eux, saint Cyprien, évêque de Carthage, martyrisé en 258, adressait à son peuple, affligé d'une cruelle épidémie, ces paroles de consolation : « Il faut toujours penser, mes très chers frères, que nous ne sommes ici-bas que des étrangers et des pèlerins. Soupirons donc après le jour qui nous conduira tous dans la patrie commune, qui nous délivrera tous des embûches du monde et nous établira dans la paix et la liberté du royaume céleste. Est-ce qu'il ne se hâte pas, l'exilé, dès qu'on lui parle de revenir dans la patrie ? Et, lorsque les montagnes du pays natal sont par delà les mers, ne demande-t-il pas, avec toute l'ardeur de son âme, le vent favorable qui le poussera vers ses chères montagnes et lui permettra de revoir ses parents ? Notre patrie, c'est le ciel ; nos parents et nos ancêtres nous y attendent déjà ; et nous ne désirerions pas voir bientôt notre patrie et retrouver les nôtres ? Des âmes qui nous sont chères nous y ont précédés, ce sont celles de nos parents, de nos frères et de nos sœurs ; elles sont assurées de leur bonheur, sans doute, mais elles sont encore en sollicitude pour le nôtre et soupirent après nous. Les revoir et les embrasser, quelle joie pour eux et pour nous ! Régner avec eux sans craindre jamais la séparation, ne plus mourir mais vivre éternellement, quelles délices et quel bonheur ! »

Après avoir énuméré les différents groupes des élus, le saint évêque s'écrie, en terminant: « Allons, mes très chers frères ! Hâtons-nous de les rejoindre, puissions-nous être bientôt avec eux, avec le Christ ! Daigne le Dieu tout-puissant abaisser ses regards de miséricorde sur nous et nous exaucer. Daigne le Christ Notre-Seigneur, qui récompense avec plus de magnificence ceux qui soupirent avec plus d'ardeur après lui, entendre les soupirs de notre cœur fidèle (1). » Dans le même discours, saint Cyprien avertit les fidèles de ne pas trop se lamenter sur leurs frères déjà partis de ce monde : « Nous savons qu'ils ne sont pas perdus, et qu'ils n'ont fait que nous précéder, *non eos amitti, sed præmitti, recedentes præcedere* ; ils sont partis un peu plus tôt que nous ; il nous est permis de soupirer après eux, mais il ne faut pas nous lamenter outre mesure sur leur sort : ce serait donner aux infidèles un vrai scandale et ils auraient bien le droit d'être surpris, après nous avoir entendus dire que nos morts reposent en Dieu, de nous les voir pleurer comme s'ils n'existaient plus, de nous voir confesser la foi de bouche et la renier par le cœur (2). »

4. *Doctrine de l'Église.* — La doctrine, que les âmes des justes absolument parfaits entrent aussitôt après la mort dans la béatitude céleste, a été formulée, en 1274, par le Concile de Lyon, en ces termes : « Nous croyons que les âmes de ceux qui, après le baptême, se sont conservés exempts de péché, ainsi que les âmes de ceux qui, après avoir péché, se sont purifiés, sont immédiatement reçues dans le ciel. »

A l'occasion de la fameuse dispute que le pape Jean XXII et les Frères Mineurs eurent avec les Dominicains, le Concile de Florence ajouta, en 1439, « que ces âmes voient clairement Dieu lui-même dans sa Trinité (3) ». Que l'opinion de Jean XXII au sujet du moment précis où les

(1) Cyprien, *De Mortalitate*, n. 26.
(2) Cyprien, *loc. cit.*, n. 30.
(3) Conc. Florent., *Sess. ultima*, Harduin, t. XI, col. 421.

âmes des défunts sont admises à la vision béatifique ait été conforme à la foi, c'est ce que démontrent l'explication qu'il donna, peu de temps avant sa mort, en présence d'un cardinal, et une lettre de félicitations, conservée dans les archives du Vatican, qu'il adressa, en 1317, lors de la canonisation de son ami, Louis d'Anjou, évêque de Toulouse, à la mère de ce saint, Marie de Provence, épouse de Robert II (1). Le Concile de Trente (2) a, d'ailleurs, confirmé la doctrine de celui de Florence.

5. *Erreurs sur le repos des âmes dans l'intervalle qui existe entre la mort et la résurrection.* — En dehors de l'Eglise, il s'est élevé, sur l'état des âmes entre la mort et la résurrection, une foule d'erreurs extravagantes dont la plupart, cependant, n'ont qu'un intérêt purement historique et n'ont compté que des partisans isolés (3). Les Thnetopsychites ou Arabes, par exemple, font mourir l'âme en même temps que le corps et la font aussi revivre avec lui. Les Rebaptisants et les Photiniens partageaient cette opinion. Les Psychopannychites, parmi lesquels on peut ranger les Nestoriens, plus tard les Sociniens et les Arméniens et une foule de théologiens protestants, font tomber l'âme dans un état de sommeil : le mort repose, comme Endymion de la légende, dans un profond sommeil d'où il ne sera éveillé que par la trompette du jugement dernier.

Le « repos éternel », que nous désirons et demandons pour nos défunts, serait-il donc,

(1) V. Verlaque, *Jean XXII. Sa vie et ses œuvres d'après des documents inédits,* Paris, 1883, p. 151 et s.
(2) Trid., Sess. XXV.
(3) Cf. Hub. Beckers, *Mitteillungen aus B. Ernst. Loeschers auserlesener Sammelung aus dem 17. und 18. Jahrh. ueber den Zustand der Seelen nach dem Tode.* 2 Hefte, Augsbourg, 1835-36.

jusqu'au dernier jour, une douce oisiveté, un engourdissement dans l'inertie, un état d'inconscience ? Tel ne peut pas être le repos de ceux qui sont entrés dans la « vie éternelle » et qui sont illuminés par la « lumière éternelle ». Pour les âmes des justes absolument parfaits, la mort est l'aurore du grand jour du sabbat, où ils se reposent de leurs travaux, de leurs fatigues et de leurs peines, de leurs soucis et de leurs luttes. « *Non ibi erit refectio, quià nec defectio ; non ibi erunt negotia, quià nec indigentia* (1) » Ils reposent en Dieu, leur bien suprême, ils doivent le posséder éternellement et en jouir sans trouble. Ils sont entrés dans la paix éternelle, puisqu'ils ont atteint leur but, et ils ont ainsi trouvé la béatitude parfaite. La foi a fait place à la contemplation et l'espérance à la possession ; la charité seule est restée ; mais ce n'est plus cette charité qui erre çà et là sans se satisfaire, qui est toujours inquiète, à la recherche de son objet, qui se consume dans un violent désir de le posséder, qui a soif d'union avec lui comme le cerf a soif de la source d'eau vive et la terre desséchée de la rosée bienfaisante ; c'est cette charité qui se rassasie pleinement par la joie qu'elle éprouve en Dieu.

Le repos éternel est plutôt la mise en activité de toutes les facultés de l'âme qui sont tenues en éveil par le rayonnement lumineux de la connaissance de Dieu, par l'influence de l'amour et de la vie divine ; et cette activité ne produit aucune fatigue, aucun dégoût. « Dieu, l'océan éternel de lumière, d'amour, de joie et de vie : voilà la béatitude des saints, dont les facultés

---

(1) S. Aug., Serm. 362, *De resurr.*, 2, c. 26.

sont élevées au-dessus de la nature et deviennent merveilleusement parfaits (1) ; la béatitude, c'est le mystère du mouvement continu dans le repos, du progrès arrivant juste à son but (2). » Connaître et aimer, c'est tout à la fois le travail et le délassement, l'activité et le repos, en un mot, la béatitude des élus. Ils connaissent et aiment Dieu, et ils se connaissent et s'aiment entre eux. Lors même qu'elle soit dégagée du corps, l'âme peut bien, ainsi que nous l'avons démontré plus haut, être active et heureuse.

A ce point de vue, par conséquent, il est absolument inutile d'admettre l'hypothèse, déjà combattue, d'un double corps : un corps grossier dont l'âme se dépouillerait à la mort, comme l'ouvrier quitte, le soir, ses habits de travail, et un autre corps plus fin ou « corps de l'âme », — « corset de l'âme » dit Jean Paul, — dont l'âme resterait revêtue après la mort. Au reste, cette hypothèse est incompatible avec la véritable notion, soit de la mort, soit de la résurrection.

6. *Doctrine de la migration des âmes.* — Que penser encore de la doctrine de la migration des âmes ou métempsycose, qui a été professée notamment par les anciens Égyptiens, les philosophes grecs Phérécide, Pythagore et Platon, par les Celtes et, plus tard, par quelques sectes, comme celle des Carpocratiens, Marcionites, Manichéens, Priscillianistes, Pauliciens et Albigeois ? Dans les temps modernes, cette erreur à reparu, et sous des formes encore plus repoussantes.

Lorsqu'on voit des psychologues, partisans de l'évolution historique, s'ingénier à rajeunir les

(1) Th. Aq., *Contra Gent.*, l. IV, c. 86.
(2) Hettinger, t. II, 2, p. 306 et ss.

vieilles fables et à les répandre dans le monde, on peut bien croire que la pensée moderne, pour sauver son prestige menacé et se créer des partisans, éprouve le besoin de flatter l'homme dans son orgueil de vivre sans fin. Elle veut faire preuve de générosité à l'égard des natures supérieures en leur faisant espérer des transformations successives et fantaisistes de leur existence, soit sur la terre, soit dans les sphéres éthérées. La dignité de l'homme lui fait repousser la doctrine d'après laquelle il descendrait d'un animal, mais bientôt il se réconcilie avec cette opinion, en pensant qu'une évolution incessante peut amener le sarcode jusqu'au degré de mammifère et que ce n'est encore là qu'une étape vers une espèce plus élevée. Dans son désir continu du progrès, l'homme en arrive ainsi à ne plus espérer la glorification de son corps après la résurrection. Qui sait si la métempsycose ne lui réserve pas quelque chose de meilleur ?

Sans doute ces créations fantaisistes et romanesques, qui ne voient qu'une folie dans la doctrine chrétienne de la glorification, donnent une consolation immédiate à notre âme ; celle-ci n'a plus besoin d'attendre la glorification du dernier jour, elle peut espérer avoir, aussitôt après la mort, un corps nouveau, avec lequel elle reproduira, pour ainsi dire, son existence terrestre sous une forme meilleure. Les partisans de cette doctrine pensent, en effet, que l'âme se dépouillera de ce corps grossier qu'elle a sur la terre, et qu'elle montera aussitôt dans l'éther planétaire, dans ce fluide impalpable qui environne le globe terrestre, et s'y constituera par son énergie vitale un nouvel organisme. Et encore ce nouvel organisme, elle ne le gardera pas éternellement ; après s'en être servie quelque temps, elle le rejettera comme un vêtement usé. Elle cherchera ensuite elle-même une autre étoile, où elle recevra un nouveau corps. Elle en jouira quelque temps et puis l'abandonnera à nouveau pour continuer sa migration à travers les espaces. Elle rencontrera sur sa route d'autres âmes, venues de mondes différents, qui s'élèvent, comme elle, de degré en degré vers une perfection sans limites.

Ces vieilles légendes, qui ont été rajeunies, surtout en France, par des penseurs modernes, peuvent amuser l'imagination, mais elles font sourire la raison.

Quant à la théorie de la réincarnation, soutenue par les spiritistes de l'école de Kardec, elle est à la fois repoussante et insipide. D'après elle, en effet, toute âme doit s'incarner de nouveau sur la terre, autant de fois que cela est nécessaire pour l'accomplissement parfait de sa mission terrestre.

Ces opinions ont surtout trouvé crédit dans les pays de langue romane, tandis que, dans les pays germains et slaves, elles n'ont pendant longtemps rencontré que mépris et indifférence. Elles ont cependant fini par réunir quelques partisans en Allemagne.

« Pourquoi, demandait Lessing (1), tout homme ne pourrait-il pas avoir existé en ce monde plus d'une fois ? Cette hypothèse n'est-elle si ridicule, que parce qu'elle est la plus ancienne, ou parce que la raison humaine l'avait naturellement imaginée, avant d'être distraite

---

(1) LESSING, *Die Erziehung des Menschengeschlechtes*, Berlin, 1780, § 93 et s.

ou affaiblie par les sophismes de l'Ecole ? Pourquoi ne reviendrais-je pas aussi souvent sur la terre que je serais apte à acquérir de nouvelles connaissances et de nouvelles facultés ? Est-ce que d'un seul coup j'emporte un tel bagage, qu'il ne vaille plus la peine de revenir ? »

B. H. Blasche (1) et Wiedemann (2) ont essayé aussi de prouver scientifiquement la migration des âmes. Elle forme le premier article de foi de la « société théophysique ». Cette société s'inspire de la doctrine secrète des Mâhâtmâs (3) Indiens ; elle a fait aussi de larges emprunts au pays du sphinx et des « fleurs de lotus ». La prophétesse de cette société était une Russe nommée P.-H. Blavatzky. Dans ces derniers temps, deux Français, Blanqui, en 1871, et G. Le Bon, en 1881, ont exprimé la pensée d'un « retour éternel » (4).

Nietzsche, lui aussi, a pris cette pensée comme couronnement de son œuvre et l'a considérée comme un mystère terrible qui devait produire une révolutiion totale dans l'humanité. Voici comment il expose son rêve de retour : « Si un démon venait vous surprendre, un jour ou une nuit, dans la solitude la plus retirée, et vous dire : la vie que tu vis maintenant et que tu as vécue, il te faudra la vivre encore une fois et des milliers de fois... Toute douleur et tout plaisir, toute pensée et tout soupir, tout ce qu'il y a de grand et de petit dans ta vie, tout cela se reproduira nécessairement pour toi et dans le

(1) B. H. BLASCHE, *Philosophische Unsterblichkeitslehre*, Erfurt, 1831.
(2) WIEDEMANN, *Gedanken ueber die Unsterblichkeit als Wiederholung des Erdenlebens*, Vienne, 1851.
(3) *Maîtres de la sagesse.*
(4) *Beilage zur Allgemeine Zeitung*, 1899, n. 205, p. 1.

même ordre... L'éternel sablier de l'existence ne cessera pas d'être retourné, et toi avec lui, poussière née de la poussière !... n'en seriez-vous pas bouleversé, ne grinceriez-vous pas des dents et ne maudiriez-vous pas le démon qui vous parlerait ainsi ? Ou bien, au contraire, avez-vous jamais connu de ces moments pénibles où vous lui auriez répondu : tu es un esprit, et jamais je n'entendis rien de plus divin (1) ? »

Un ouvrage sur la migration des âmes nous a été donné, il y a quelques années, par un médecin de Californie, le docteur J.-A. Anderson (2), qui a fréquenté aussi l'école des Mâhât-mâs. Cet ouvrage, comme ceux qui l'ont précédé, mérite bien le jugement sévère que Herm. Lotze en a prononcé : « Les théories de la migration des âmes sont restées, jusqu'à présent, des rêves de l'imagination et l'on n'a pas encore réussi à leur donner un sens moral et adapté à l'ordination générale du monde. »

7. *Fausse application de l'idée d'évolution.* — Fichte, Ulrici, Perty, Fechner et d'autres se sont tellement laissé influencer par la foi à un progrès continu, qu'ils réclament même pour la vie future, une évolution toujours progressive. Mais, de deux choses l'une, cette évolution sera finie, ou elle n'aura pas de fin. Dans le premier cas, il est certainement plus convenable d'en interrompre définitivement le cours au sortir de cette vie terrestre ; dans le second cas, nous nous trouvons en face de ce fameux et chimérique progrès qui n'atteint jamais au but. Mais un progrès qui n'atteint jamais au but, ne

(1) NIETZSCHE, *Froehl. Wissenschaftl. Aphorismus*, 341.
(2) J. A. ANDERSON, *Die Seele, ihre Existenz, Entwicklung und wiederholte Verkorperung.* Leipzig 1895.

peut non plus nous garantir le repos. On n'a pas
un véritable amour de la vérité quand on veut
la chercher toujours sans espoir de la trouver
jamais.

8. *Activité de l'âme au milieu du repos éternel ; joie éternelle sans satiété ni ennui.* — Mais
un état d'où sera banni tout progrès, c'est-à-dire
le ciel, avec ses joies et ses jouissances éternelles
ne doit-il pas devenir bientôt monotone et
ennuyeux ? Jean Volkelt (1) croit, au nom de la
raison toujours active, qu'il faut exclure du
contenu de l'immortalité la vision béatifique de
Dieu, parce qu'elle est « inactive ».

Bien que tout effort et toute inquiétude, toute
recherche et tout désir cessent dans le ciel, l'activité de l'âme n'en sera pas moins intense et
moins universelle, puisqu'elle aura toujours devant elle un objet à connaître et à aimer, objet dont
la profondeur est insondable, la beauté inima-
ginable et la grandeur incommensurable. « Dieu,
écrit saint Irénée (2), ne cesse pas d'instruire
les élus et ceux-ci ne cessent pas d'apprendre. »
Ses richesses, en effet, sont sans mesure, et sa
puissance, sa sagesse et sa magnificence, sans
bornes. C'est un progrès continu de la lumière à
la lumière, de l'amour à l'amour, de la vie à la
vie, de l'éternité à l'éternité. Le *repos éternel*
n'est pas un engourdissement, mais la vie pure
et intense d'une âme qui boit continuellement à
la source de toute vie ; c'est la jouissance dans
un travail incessant, c'est-à-dire le service éternel
de Dieu. Etre actif, c'est véritablement et pleinement jouir de la vie, c'est vivre en réalité. Si

(1) J. VOLKELT, *Vortraege zur Einfuehrung in die Philosophie
der Gegenwart*, Munich, 1892, p. 117.
(2) IREN. *Adv. Haereses*, I, II, c. 28, n° 3.

on s'arrête longtemps à jouir paresseusement de la vie, on arrive finalement au dégoût et à la satiété. C'est ainsi que les plaisirs sensuels peuvent bien endormir quelque temps l'esprit dans une vague félicité et le charmer un moment ; mais, si toute l'énergie vitale interne n'est pas satisfaite, le plaisir d'abord délicieux fera bientôt place à un ennui accablant. Si le mal et la douleur, l'inquiétude et le doute font paraître le temps bien long, les joies et les plaisirs engendrent, eux aussi, l'ennui et la lassitude. Seule l'habitude d'un travail réglé abrège le temps, à tel point que, pour la plupart des hommes, malgré la monotonie de leurs occupations journalières, le temps de la vie s'envole comme sur des ailes et sans qu'ils s'en aperçoivent. Mais les bienheureux n'ont pas besoin d'un moyen particulier de faire passer le temps puisque l'activité qui les anime n'est pas pour eux une charge, mais un plaisir extrême ; puisque, d'ailleurs, elle leur offre continuellement les changements les plus agréables et les plus variés, et les met ainsi à l'abri de tout ennui. La vision de Dieu est une éternelle aurore avec tous les charmes d'une clarté qui ne pâlit jamais, et l'amour de Dieu est un ardent foyer de chaleur qui jamais ne se refroidit. « Sans doute, il y en a qui se représentent la vie éternelle comme une marche continue vers une vieillesse plus avancée, une espèce d'engourdissement éternel, mais il vaut mieux se la représenter comme une jeunesse qui ne passe jamais, comme une renaissance continuelle de lumière et de vie (1). » La

____

(1) HERM. SCHELL, *Die goettliche Wahrheit des Christentums*, t. I, Paderborn et Munster, 1895, p. 104.

plénitude de l'être et de la vie infinie ne peut
être saisie que par une puissance de penser
et d'aimer infinie ; par conséquent, l'esprit créé
ne pourra jamais l'atteindre parfaitement. Si
Dieu est assez riche pour trouver éternellement
en lui-même ses délices, l'âme de l'homme aura
certainement assez de choses à considérer et à
admirer en lui pour toute l'éternité.

Signalons en passant une autre erreur, d'après
laquelle Dieu lui-même, à la fin des temps,
tomberait comme Brahma, dans une immobilité
absolue ; cette erreur nous amènerait aussi à
concevoir une fausse idée du repos éternel des
bienheureux. « Nous voyons, sur les degrés de
cet étrange ciel les saints rangés en ordre, l'un
à côté de l'autre, chacun à la place que lui
ont méritée les œuvres accomplies dans son
court pèlerinage de la terre : ils sont assis, revêtus pour toujours de leur corps terrestre, tels
que la mort les surprit en leur imprimant le
sceau de l'éternelle immobilité. Que font là ces
fantômes ? Sont-ils vivants ou morts ? O Christ,
comme ce paradis me fait peur ! Combien plus
je préfère ma vie, avec ses douleurs, ses tristes-
ses et ses chagrins, à cette immortalité avec sa
paix bienheureuse (1). » Un ciel qui serait peu-
plé, comme autrefois le mont Athos, par des
Hésychiastes ou contemplateurs de leur corps,
n'a certes rien d'engageant pour un esprit rai-
sonnable.

Si le bonheur que nous promet le ciel des
chrétiens est parfait, il doit être éternel. Et ne
venez pas dire qu'une joie sans fin doit engendrer nécessairement l'ennui ; ce serait désespérer

____

(1) RAYNAUD, *Terre et ciel*, p. 271.

d'arriver jamais à une félicité véritable et parfaite. Qu'y a-t-il de plus étrange et de moins naturel que la peur d'un bonheur éternel ? Cette inquiétude est la preuve la plus éloquente qu'il n'y a pas ici-bas de bonheur vrai, digne d'une éternelle durée ; c'est l'aveu d'un cœur qui n'a jamais été encore tout à fait heureux et qui, par conséquent, ne sait pas ce qu'est le bonheur. Qui le sait, d'ailleurs, ici-bas ? Tout ce que nous pouvons faire sans témérité, c'est de nous élever à l'idée et à l'espérance d'un bonheur véritablement parfait avec la confiance que nous pouvons en supporter l'éternelle intensité.

9. *Le Chiliasme ou Millénarisme.* — Disons un mot, en terminant, d'une autre erreur, le Chiliasme ou Millénarisme, c'est-à-dire l'attente d'un royaume terrestre du Messie devant durer mille ans. Cette étude n'est pas étrangère à notre sujet: nous devons examiner toutes les opinions relatives à l'âme après la mort ou au dernier jugement.

Le chiliasme ou millénarisme s'est présenté sous des formes diverses. Mais, sous sa forme grossière et sensuelle, il n'a jamais eu accès dans l'Eglise. Dans les premiers siècles, ce furent Cérinthe, les Marcionites, les Montanistes et d'autres sectes qui défigurèrent, par les additions les plus indignes, l'attente en soi excusable de ce règne messianique. Mus par les seules espérances sensuelles des Juifs, relatives au Messie, ils enseignèrent que le Christ, à son dernier avènement, habiterait pendant mille ans sur la terre, pour faire de Jérusalem la capitale du monde entier; c'est là qu'il résiderait et régnerait avec les justes ressuscités et ceux qui seraient encore vivants. Après ces mille ans écoulés, les

impies ressusciteraient et le jugement général
aurait lieu. Cet âge d'or vivement désiré n'était
qu'une création du judaïsme. La religion juive,
avec ses autels et ses sacrifices, avec ses lois et
ses coutumes, devait elle aussi être rétablie,
mais, à côté du culte de Jahvé, le culte de la
sensualité devait être également permis.

Les pères et les docteurs de l'Eglise qui avaient
des idées millénaires, ont tous repoussé avec
indignation ces conceptions et ces espérances
judéo-épicuriennes. Ils partageaient, il est
vrai, l'opinion d'une seconde résurrection et du
royaume terrestre du Messie qui devait durer
mille ans ; le fondement de ce royaume devait
coïncider avec la première résurrection, c'est-à-
dire avec la résurrection des justes, mais ils
étaient bien loin de faire espérer aux citoyens de
ce royaume d'autres joies et d'autres fêtes que
celles qui sont moralement permises.

Bien que ce millénarisme, spiritualisé et dégagé de sa grossièreté première, remonte à
Papias, évêque de Hiérapolis, dans la petite
Phrygie, et disciple des Apôtres (vers 168), il n'a
cependant ni une origine, ni une autorité apos-
toliques. Depuis l'Ascension de Notre-Seigneur
et surtout depuis qu'ils avaient reçu le Saint-
Esprit, les Apôtres avaient abandonné à jamais
les espérances matérielles qu'ils avaient cares-
sées d'abord touchant le Messie et dont le Maître
les avait si souvent et si sérieusement repris.
Léon Atzberger reconnaît qu'aucun des autres
disciples des Apôtres, même Barnabé et Hermas,
n'est tombé dans le millénarisme. Il n'est pas
surprenant toutefois que l'opinion de l'évêque
Papias, plus pieux que savant, opinion appuyée
d'ailleurs sur des paroles mal comprises de la

Sainte Ecriture, se soit relativement assez répandue dans l'Eglise d'Orient et spécialement en Asie Mineure, à cause de la situation et de la sainteté de son auteur.

Des écrivains remarquables tels que Justin, Irénée et Méthodius, partagèrent aussi, plus ou moins, les opinions millénaires ; Tertullien y fut amené par les erreurs de la secte montaniste qu'il avait embrassée. Un fait digne de remarque, c'est que saint Justin reconnaît que les adversaires du millénarisme sont de très bons chrétiens et possèdent la véritable foi. D'ailleurs il accepte cette théorie, ainsi que le remarque Atzberger, « comme un fragment de doctrine, qu'il trouve chez quelques chrétiens (les judéochrétiens) ; il l'admet par connivence avec les Juifs et pour avoir personnellement la vraie foi dans sa perfection, plutôt qu'en raison de la valeur intrinsèque et de la portée de la doctrine (1). »

En dehors de ceux que nous venons de nommer, il faut mentionner encore parmi les partisans du règne millénaire : Népos, évêque égyptien, Victorin, évêque de Pettau, et Lactance. Parmi les autres docteurs de cette époque, les uns se taisent absolument sur la question, tandis que les autres, comme Origène, son disciple Denys le Grand et le prêtre romain Caïus soutiennent expressément l'opinion contraire. Hippolyte, sans doute, paraît favorable à un certain règne millénaire, mais il coupe court à toutes les espérances d'un Irénée ou d'un Tertullien relatives à ce royaume, en démontrant que le

_____

(1) Léon ATZBERGER. *Geschichte der christlichen Eschatologie innerhalb der vornic. Zeit*, Fribourg, 1896, p. 143.

retour du Christ n'aura lieu que dans un avenir éloigné et que, pour tout homme, le jour de sa mort est le jour de la fin du monde.

Aussitôt après le Concile de Nicée (325), le millénarisme fut vivement pris à partie ; des Pères, aussi remarquables par leur science que par leur sainteté, tels que Ephrem, Basile, les deux Grégoire, Epiphane, Jérôme et Augustin les combattirent avec un égal zèle.

Condamné par l'Eglise, il disparut bientôt complètement. Sans doute les traditions qui se rattachaient aux Sibyllins, au pseudo-Ephrem et au pseudo-Méthodius, se conservèrent encore et produisirent des mouvements d'opinion regrettables. Leur manifestation coïncida avec le schisme ou la révolution dans le domaine soit ecclésiastique, soit économique et social. Mais il n'y a rien de plus absurde que de prétendre, avec E. Wadstein (1), que le « millénarisme anarchiste-révolutionnaire » est un fruit naturel du concept chrétien qu'on avait du monde au moyen âge. Le concept chrétien au contraire condamnait cette inquiétude et ce mécontentement, qui font dénigrer les meilleures choses et rêver les plus impossibles.

N'avons-nous pas vu, même dans ces derniers temps, le millénarisme renaître et s'organiser en secte ; il persiste encore, mais péniblement, chez les Baptistes, les Méthodistes, dans la « cinquième ou nouvelle église » du cordonnier Cahagnet, chez les Irvingiens et les Mormons ou « saints du dernier jour ». En Wurtemberg, le

(1) E. WADSTEIN, *Die Eschatologie, Ideegruppe : Antichrist, Weltsabbat, Weltende u. Weltgericht in den Hauptmomenten ihrer christlich-mittelalterlichen Gesamtentwicklung,* Leipzig, 1896, p. 196.

bourgmestre et notaire Hoffmann fonda au dernier siècle une communauté « pour le retour prochain de Notre-Seigneur ». En l'année 1856, qui, d'après quelques nouveaux prophètes et prophétesses, devait être l'année de la naissance de l'Antéchrist, Christophe, fils de ce Hoffmann, organisa une émigration vers la Palestine, pour être sur place lorsque Notre-Seigneur viendrait ; finalement on préféra attendre chez soi le cours des événements.

On peut dire que, dans l'Eglise catholique, les idées millénaires ont disparu depuis longtemps, bien qu'on puisse encore en trouver quelques faibles traces dans les croyances populaires. Comme saint Thomas, Suarez, Soto, Bellarmin, Cornelius a Lapide, presque tous les théologiens modernes ont absolument rejeté le millénarisme ; cependant, J.-N. Schneider (1) et Ign. Waller (2), auxquels on pourrait ajouter encore Bisping, ont repris cette erreur déjà disparue. La théologie protestante, au contraire, a conservé, chez un grand nombre de ses représentants, l'espérance du millénium ; Riemann (3), Volck (4), A. Koch (5) et d'autres ont composé des écrits spéciaux pour soutenir le millénarisme contre les nouvelles attaques de Keil, Diedrich, Althaus et Fick. La théorie millénaire a été remise au jour par Spener, Bengel et Oetinger et, après eux, par Auberlen et Hoff-

<hr>

(1) J.-N. Schneider, *Die chiliastiche Doktrin und ihr Verhaeltniss zur Glaubenslehre*, Schaffhouse, 1859.

(2) Ign. Waller, *Die Offenbarung des hl. Johannes im Lichte der hl. Geschichtstypik*, Rixheim, 1882.

(3) Riemann, *Die Lehre der hl. Schrift vom tausendjaehrigen Reiche*, Schoenebeck, 1828.

(4) Volck, *Der Chiliasmus seiner neuesten Bekaempfung gegenueber*, Dorpat, 1896.

(5) A. Koch, *Das tausendjaehrige Reich*, Bâle, 1872.

mann. Les Irvingiens, notamment en Allemagne et, encore plus en Angleterre, ont enrichi la littérature du millénarisme d'une foule d'ouvrages et de brochures.

10. *La vision de saint Jean.* — Si nous voulons chercher les passages bibliques qui ont servi de prétexte à l'opinion des millénaires, il nous faut mentionner, avant tout l'*Apocalypse* (1).

Mais d'accord avec la plupart des Pères et des théologiens nous pouvons affirmer que la vision de saint Jean, toujours invoquée par les millénaires, comme preuve classique de leur théorie, doit être interprétée dans un sens figuré. Il faut absolument rejeter l'opinion contraire, sinon comme une hérésie formelle, du moins comme une erreur dangereuse.

La sainte Écriture enseigne, en effet, en termes exprès, que les justes aussi bien que les impies, ressusciteront au dernier jour (2) et cela en même temps (3), elle ne laisse donc pas d'espace pour un interrègne de mille ans. Elle enseigne, en outre que les justes recevront la glorification du corps aussitôt après la résurrection, ou plutôt en même temps, et entreront alors avec le Christ dans le ciel (4). Il ne faut point songer ici à un royaume terrestre du Messie, dans lequel les justes seraient préparés, par les joies de la terre, à la béatitude du ciel, et cela d'autant moins que les plaisirs des sens permis, comme manger, boire, se marier, sont expressément exclus de la vie bienheureuse (1).

(1) *Apocal.* 20, 1 et ss.
(2) Cf. *Job.*, 19, 5; *Jo.*, 6, 39, 44, 55.
(3) *Jo.*, 5, 28; I *Cor.*, 15, 52; *Dan.*, 12, 2; cf. *Matth.*, 13, 24; 25, 1 et ss.
(4) I *Cor.*, 15, 42 et ss.; I *Thess.*, 4, 13, 16; *Eph.*, 2, 5 et ss. II *Cor.*, 5, 1.
(5) *Mat.*, 22, 30; *Rom.*, 14, 17.

Puisque la sainte Ecriture doit être interprétée d'après cette règle invariable, qu'il n'y a pas de contradiction entre ses sentences, il faut donner au chapitre en question de l'Apocalypse une interprétation qui concorde avec les passages très clairs de la sainte Ecriture qui le précèdent. Or, cela n'est possible qu'en prenant ce passage au sens figuré.

11. *Pseudo-Messies — Pseudo-Prophètes du Jugement dernier.* — A toutes les époques il a paru de « faux messies » et de « faux prophètes »; depuis Theudas (45 après J.-C.) jusqu'à Bar Cochba, le « fils du Soleil » (333 après J.-C.), il en parut soixante-huit qui firent « de grands prodiges et de grands miracles ». Dans la suite, les pseudo-messies n'ont pas été plus rares.

Semblables aux anciens Goètes, nos modernes spiritistes cherchent, par d'habiles jongleries et des prodiges spécieux, à concurrencer le grand thaumaturge de Nazareth.

C'est surtout dans les temps de grandes révolutions religieuses ou sociales que ces faux prophètes réussissent le mieux.

Bien que, de nos jours, la situation du royaume de Dieu sur terre soit, en beaucoup de pays, alarmante, il serait néanmoins plus que téméraire d'affirmer, comme on le fait si souvent dans des livres, des brochures et des tracts, que le courant antichrétien a déjà fait monter à la surface l'Antéchrist en personne.

Les misères de l'heure présente ne sont pas d'ailleurs plus grandes qu'il y a un peu plus de cent ans, lorsque des milliers de prophètes croyaient apercevoir la fin du monde dans le tumulte de la révolution française.

A propos des prophéties relatives à la fin du

monde, saint Thomas fait remarquer justement que tous ceux qui ont annoncé la fin du monde se sont trompés dans leurs calculs. Une grande corruption, de violentes luttes de parti et des tendances révolutionnaires, soit dans l'Etat, soit dans l'Eglise, ont souvent donné libre cours à l'imagination des exaltés, et les ont amenés à prédire la venue de l'Antéchrist ou d'un prince de la paix spirituel ou temporel.

C'est ainsi que se forma le mouvement si curieux des Joachimistes, dont Joachim de Fiore fut le promoteur vers 1200. Le fameux prêcheur de pénitence de Prague, Millic, osa dire en face à l'empereur Charles IV, en 1366, qu'il était l'Anté-christ. Roger Bacon rappelait, en 1267, que l'apparition de l'esprit de l'ange avait été annoncée quarante ans auparavant. A la même époque, on avait remis au jour, en Syrie, la révélation apocalyptique de Pierre, qui promettait à la Terre Sainte deux sauveurs venus de l'Orient.

Le Ve Concile de Latran a défendu très sévèrement de déterminer avec précision, d'après les prophéties bibliques ou privées, l'époque de la désolation suprême, de l'Antéchrist et du dernier jour.

Néanmoins, dans ces derniers temps, I. Waller a placé le commencement du règne millénaire en l'année 1962. Des prophéties de l'Antéchrist, dirigées contre le pape, avaient déjà cours au XIe siècle. Il est inutile de chercher la justification des nombres bibliques énigmatiques dans l'histoire extérieure du monde, puisqu'il est évident que ces nombres ne doivent pas servir à établir une division dans l'histoire du monde. Des exégètes français tout récents,

A. Chauffard (1) et un autre, anonyme (2), ont essayé également de donner à ces nombres, une interprétation mystique et subtile. Mais remarquez qu'il est toujours facile de faire, avec une certaine apparence de vérité, une application quelconque de l'Apocalypse, soit à l'histoire de l'Eglise, soit à l'histoire du monde, soit à l'histoire des fins dernières, et cela seul nous montre tout le danger qu'il y a à se livrer à des conjectures et à des interprétations arbitraires.

(1) CHAUFFARD, *L'Apocalypse et son interprétation historique.* Avignon et Paris, 1888. 2 vol.
(2) *Les grands avertissements de l'Apocalypse et d'autres oracles sacrés.* Avignon et Paris, 1888.

CONCLUSION

Pour nous, nous devons penser que l'œil des mortels ne peut pénétrer dans la région mystérieuse où se tiennent et finalement se règlent les comptes du monde moral.

Il nous suffit de savoir que les âmes ont une survivance personnelle, avec une activité accrue de l'indépendance même qu'elles ont acquise par rapport aux sens, que les justes jouissent déjà de la récompense due à leurs mérites, qu'ils se souviennent de nous et nous appellent à eux.

Le jugement dernier ne fera qu'ajouter à leur bonheur par suite de la glorification des corps et de la satisfaction du désir que les âmes ont de se réunir aux corps spiritualisés.

Mais c'est Dieu seul qui fixera, en lettres de feu, le terme de toutes choses, et cela quand il lui plaira de le faire. Le Christ n'a pas voulu nous découvrir le moment précis de son avènement. Si saint Paul en indique la possibilité, ce n'est qu'en apparence qu'il précise le moment où il doit se produire (1).

Confiants dans la conduite sage et amoureuse de Dieu, nous devons penser que le présent ne souffre les terribles douleurs de l'enfantement que pour engendrer un avenir plus brillant et plus beau ; mais n'oublions pas que la terre sera toujours une demeure de douleur et que la vie d'ici-bas sera un combat continuel et une lutte sans merci, dont les biens éternels demeurent l'enjeu.

____

(1) Mgr SIMAR, _loc. cit._, p. 416. — _Die Theologie des hl. Paulus_, 2ᵉ éd. p. 258 et ss.

TABLE DES MATIÈRES

1686-09. — Imp. des Orph.-Appr., F. BLÉTIT, 40, rue La Fontaine,
Paris-Auteuil.

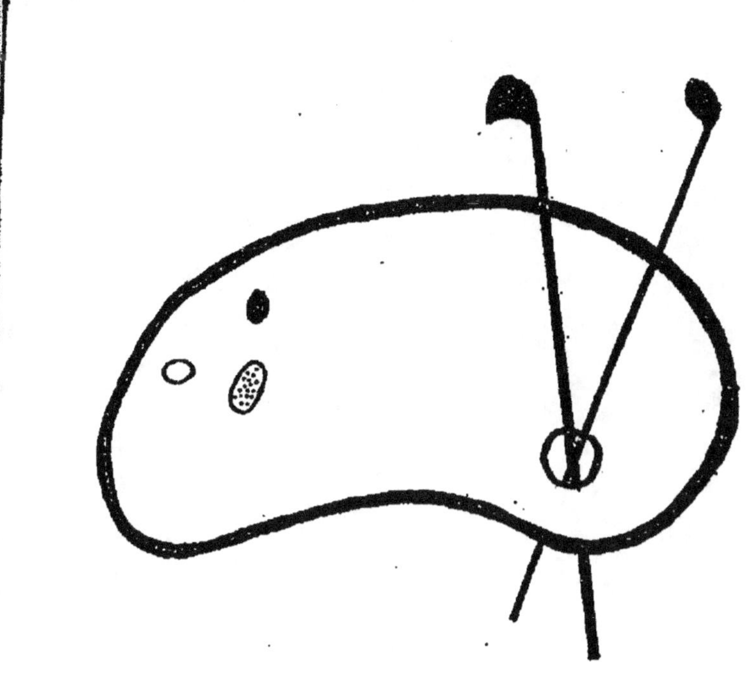

ORIGINAL EN COULEUR

NF Z 43-120-8

www.ingramcontent.com/pod-product-compliance
Lightning Source LLC
Chambersburg PA
CBHW051135050726

47594CB00003B/1106